영화라는 무기

한국과 일본의 선전영화들

지은이

정충실 鄭忠實, Jeong Choong-sil

동의대학교 일본학과 조교수. 도쿄대학 학제정보학 박사. 전공은 문화(史)연구, 한일 영화·미디어 연구이다. 주요 저서로는『경성과 도쿄에서 영화를 본다는 것』, 주요 논문으로는「춘천, 기지촌」,「엑스포 70, 한국이 빌려온 미래」,「부산으로 월경한 일본 TV 전파 차단 시도의 이유」등이 있다.

영화라는 무기
한국과 일본의 선전영화들

초판발행 2024년 12월 5일

지은이 정충실

펴낸이 박성모
펴낸곳 소명출판
출판등록 제1998-000017호
주소 서울시 서초구 사임당로14길 15 서광빌딩 2층
전화 02-585-7840
팩스 02-585-7848
이메일 somyungbooks@daum.net
홈페이지 www.somyong.co.kr

ISBN 979-11-5905-987-2 93680
정가 18,000원

영 화 라 는

무 기

한국과 일본의 선전영화들

정충실 지음

소명출판

차례

제1장

영화를 바라보는 다른 시선

1. 선전영화와 관객성

영화산업의 성장, 영화 관람의 대중화 이후에도 일본에서는 영화관이 아닌 공간에서 대중동원을 목적으로 한 선전영화가 빈번히 상영되었다. 1931년 설문조사에서 일본인이 가장 좋아하는 대중문화로는 영화가 선정될 정도로 상업영화 관람이 대중화되었고[1] 1930년대 중후반 이후에는 대형 상업영화회사가 성장하였으며 영화관에서는 조용히 스크린만 주시하며 하나의 일관된 작품으로서 영화를 감상하는 방식이 전국적으로 확산되어 갔다.[2] 동시에 선전영화도 자주 상영되어, 1920년대 후반에서 1930년대 초반까지 일본 전체에서 매년 3~4만여 회 선전영화가 상영되었다.[3] 패전 이후

1 文部省社会教育局, 『民衆娯楽調査』 5, 文部省, 1934, 47면.
2 정충실, 『경성과 도쿄에서 영화를 본다는 것－관객성 연구로 본 제국과 식민지의 문화사』, 현실문화, 2018, 117~118면.

에도 미점령군과 일본 정부는 영사기 보급을 추가적으로 확대하는 등의 노력을 통해 자유민주주의·미국의 우월성을 선전하는 영화를 적극적으로 상영하였다. 미점령이 끝난 뒤 일본 정부에 의한 선전영화 상영은 지속되어 1970년경에는 이를 위한 시청각 라이브러리가 전국에 1,000여 개 가까이 운영되는데 이르기도 했다.[4]

식민지 조선에서는 1935년의 시점에도 전국적으로 영화관의 수는 48관, 영화관이 있는 도시는 22곳에 불과하여[5] 영화 관람은 대중화되지 못했다. 또한 조용히 주시하여 하나의 일관된 작품으로서 영화를 관람하는 방식도 확산되지 못했다. 한편 영화관에서 상업영화를 자주 접할 수 없는 가운데 총독부, 철도국, 지방관청, 신문사 등은 순회영화 상영회 형식을 통해 선전영화를 빈번히 상영하였다.[6] 이러한 상황에서 식민지 조선에서는 영화관 이외의 공간에서 상영된 선전영화가 관객의 영화 경험에 있어 중요한 비중을 차지했을 수밖에 없다. 해방 이후에도 미국문화와 사회를 선전하기 위한 미공보원의 순회영화 상영이 있었고 영화 관람 대중화와 함께 영화관에서 정부기관이 제작한 〈대한뉴스〉와 선전영화가 상업영화 상영 전 의무적으로 상영되기도 했다.

한국과 일본에서는 영화 관람의 대중화와 관계없이 선전영화가

---

3 上田久七, 『都市と農村の娯楽教育』, 大空社, 1938, 117면.

4 「学校でPR映画」, 『朝日新聞』, 2021.2.7.

5 調査部, 「全国映画館録」, 『キネマ旬報』 536, キネマ旬報社, 1935, 233면.

6 정충실, 「통영청년단의 순회 상영과 관객의 영화 관람(1921~1923)」, 『정신문화연구』 139, 한국학중앙연구원, 2015, 96면.

활발히 상영되어 이는 당시 관객의 영화 경험에서 중요한 부분을 차지했다 할 수 있다. 그럼에도 한국과 일본에서 선전영화, 특히 그것의 상영과 관람에 대한 연구는 많지 않다. 이러한 상황에서 한국과 일본 영화사 서술의 결락을 보충하기 위해 이 글에서는 선전영화와 그것의 상영, 관람 양상을 검토할 것이다. 국가 권력, 엘리트가 의도하는 바를 전하고 대중을 동원할 목적에서 선전영화를 상영했기 때문에, 선전영화와 그것의 상영, 관람 연구를 통해서는 국가 권력의 성격, 엘리트 집단의 특징뿐만 아니라 그들에 의한 대중 통제 시도와 이에 대한 대중의 거부 등 상영 공간에서 여러 세력이 교섭하고 갈등하는 양상을 살펴볼 수 있을 것이다.

또한 이 글에서는 선전영화 연구를 관객성Spectatorship 연구의 관점에서 수행할 것이다. 관객성 연구는 영화텍스트에 의해 이미 결정되어 언제나 어디서나 동일하게 존재하는 관객 혹은 그들의 관람 양상을 전제하지 않는다. 관객성 연구는 영화 연구의 대상을 영화텍스트로 한정하지 않고 영화텍스트, 상영·관람환경, 관객 그리고 나아가 영화 상영 공간 외부의 사회·역사 등이 맺고 있는 관계까지 확장한다. 나아가 이 관계는 고정적이지 않고 가변적이며 이에 따라 관객의 형태 혹은 그들의 관람 양상은 다양하게 존재할 수 있다고 본다.[7] 일본의 프롤레타리아영화 제작·상영 집단인 프로키노는 영화를 자신들의 사상을 전할 "무기"라 명명할 만큼 영화

7 관객성 연구에 대한 상세한 설명과 선행 연구는 정충실, 앞의 책, 2018, 19~47면 참고.

는 선전과 동원효과가 뛰어나다고 생각했다. 그러나 이는 관객이 언제나 동일하게 집중하여 조용히 영화를 관람하고, 제작자나 영사주체가 의도하고 있는 바의 영화 속 가상 세계에 통합될 때나 가능한 것이다. 상업영화관과는 다른 열악한 상영·관람환경 속에서 관객 간 활발한 교류와 소통으로 인해 영화 상영장에서 관객은 영화만 주시하지 않은 채 영화관에서와 달리 자유로운 행동을 취하여 독특한 방식으로 영화를 관람했을 수 있다. 이러한 상황에서 영사 주체는 영화를 통해 관객을 교화하고 동원해 내지 못했을 가능성이 있다. 이에 영화텍스트–상영·관람환경–관객–사회·역사가 맺고 있는 관계 속에서 관객이 영화 속 가상 세계에 통합되어 영사주체가 관객을 교육, 교화해 내는 것 이외 관객이 다양한 방식으로 선전영화를 관람한 것과 그것의 효과를 검토하겠다.

영화관의 확산과 영화의 대중화 정도, 사회 인프라, 국가 권력 통제력의 차이로 인해, 한국과 일본 양 지역 간 상영·관람환경과 관객의 영화 이해도에 차이가 있을 것이고, 때문에 양 지역 간의 비교는 관람 양상의 다양함을 효과적으로 드러낼 수 있게 할 것이다. 또한 1945년 이전에는 제국과 식민지 관계로, 그 이후에는 같은 자유 진영 국가로 연결되어 있었기에 관객성 연구를 매개로 그 관계를 검토하는 것은 제국 권력 작동 방식과 냉전기 국가 정체성의 성립 등 당시 사회·역사의 일단을 알 수도 있게 할 것이다.

구체적 연구 대상은 제국 일본과 식민지 조선 국가 권력에 의한 교육영화 상영과 관객의 관람, 민간 엘리트 집단인 일본의 프로키노와 식민지 조선 통영청년단의 영화 상영과 관객의 관람, 전후 일본과 한국의 원전 선전영화이다. 이를 본격적으로 살펴보기 전에 먼저 선전 수단으로서 영화의 의미에 대해서 검토하겠다.

2. 선전과 영화

자끄 엘륄Jacques Ellul은 선전propaganda이란 어떤 조직된 집단이 한 무리의 사람들에게 자신들의 사고를 주입하거나 그들을 따르게 하기 위해 사용하는 정보전달, 상징 조직이라 정의한다. 계속해서 그는 각 집단을 연결해 교사, 지도자가 중심이 되어 연설과 토론을 통해 행하는 선전 방식은 많은 지도자와 교사의 육성이 필요하기에 실행에 많은 노력, 수고가 요구되며 선전 내용은 일정한 질을 유지하기 쉽지 않기에 근현대 사회에서는 대중매체를 통한 선전이 일반적인 것이라고 설명한다.[8] 이외 연설과 토론을 통해, 사람이 직접 행하는 선전에서는 교사나 지도자를 손쉽게 복제해 선전 대상을 늘릴 수 없었지만 대중매체를 이용한 방식은 선전자의 의도를 재현하고 있는 필름, 방송 등의 재현물을 복제하여 선전의 장을 손쉽게 확장할 수 있다는 장점도 있다.

또한 엘륄은 피선전자 각각은 선전 과정에서 타인으로부터 간

8 자끄 엘륄, 하태환 역, 『선전－순수한 신앙과 불온한 선전의 동거』, 대장간, 2012, 95면.

섭을 받지 않고 분리되어 있으며 선전 내용이 자기 자신에게 직접 말 걸고 있다고 감각할 수 있어야 선전의 효과를 높일 수 있다고 보았다.[9] 이에 일반적인 영화관은 어둡고 이곳에서는 타인과의 대화가 금기시될 뿐만 아니라 좌석은 분리되어 있어 각각의 관객을 타인으로부터 고립될 수 있게 한다. 따라서 영화관에서 관객은 타인으로부터 방해 없이 홀로 존재한다고 감각할 수 있고 이러한 상태에서 스크린의 영상이 직접 말 건다고 느껴, 영화관에서 영화 상영은 효과적 선전 수단이 될 수 있다.

J. L. 보드리J. L. Baudry[10]는 영화는 그것이 가진 현실감impression of reality을 창출하는 방식, 즉 스크린에 비춰질 영상이 만들어지는 방식을 지속적으로 은폐함으로써 관객은 영화 속 가상 세계를 실제적이고 중립적인 것으로 감각하게 된다고 말한다. 여기서 현실감을 창출하는 방식을 은폐하는 구체적인 예는 극적 네러티브 구조나 관객을 시각의 중심에 위치시키는 원근법, 네러티브 흐름에 따른 연속적 편집 방식, 관객의 시선·등장인물의 시선·카메라의 시선의 일치 등 텍스트 내부의 문제뿐만 아니라 밀폐되고 어두운 영화관에서 관객을 고립시키는 객석, 머리 뒤에 위치한 영사기 등의 상영·관람 환경도 해당한다. 즉, 이러한 장치들로 인해 관객은 어떠한 방해도 없이 어둡고 조용한 관람 공간에서 스크린에 비춰지는 가상 세계는

---

9 위의 책, 29·122~129면.

10 J. L. Baudry, "Ideological Effect of the Basic Cinematographic Apparatus", *Film Quartery*, Vol.28, No.2, 1974·1975.

특정 장치들에 의해 구현된 것임에도 불구하고 마치 실제로 자신이 경험하고 감각하는 것처럼 느껴 자연스러운 것으로 받아들이게 되는 것이다. 그렇기 때문에 관객은 영화 속 가상 세계에 구현된 질서, 가치관 등을 의심 없이 쉽게 받아들여 수용할 수 있게 되고 이때 권력과 제작자의 의도대로 동원될 수 있는 것이다.

오셔네시Nicholas Jackson O' Shaughnessy는 이미지, 상징은 의미를 응축시키며, 선명하고 간결하게 말하고자 하는 바를 전달하고, 읽는 것을 싫어하거나 추상적인 내용을 이해하는 능력이 부족한 이들에게도 소구하여 대중을 대량 동원할 수 있다고 말한다. 또한 그는 상징은 문자보다 사람들의 기억에 훨씬 오래 남는 것이라고도 지적한다.[11] 이러한 점에서도 이미지와 상징으로 구성된 영화는 효과적 선전 수단이 될 수 있다.

제국 일본 권력은 교화·선전의 효과를 높이기 위해 영화는 극적 구조를 취하며 실제처럼 보이기 위해 등장인물은 실감나게 연기해야한다고 말하기도 하였다.[12] 네러티브 구조의 측면에서든 연기의 측면에서든 영화 속의 가상 세계를 관객이 실제인 것처럼 감각하게 하고 중립적인 것으로 믿게 하는 텍스트 내부의 장치가 필요하다고 생각한 것이다. 또한 식민지 조선의 한 교육자는 교육영

11 니콜라스 잭슨 오셔네시, 박순석 역, 『정치와 프로파간다』, 한울아카데미, 2009, 16~19·163~164면.

12 全日本映画教育研究会, 『映画教育講座』, 四海書房, 1943, 132~135·139·146·172면.

화는 '실감'적 영화라고 설명했다.[13] 여기서 실감이라고 하는 것은 '실'제처럼 '감'각하게 하는 것을 의미한다. 식민지 교육자는 교육영화란 관객으로 하여금 영화 속 가상 세계를 실제인 듯 감각하게 하는 것이라고 생각한 것이다. 물론, 교육영화 속 가상 세계는 교육자가 의도하는 바를 구현하고 있는 공간일 것이다. 제국, 식민지의 권력자, 교육자들은 영화가 관객으로 하여금 스크린에 재현되고 있는 가상 세계를 실제처럼 감각하게 해야 하며 이로서 선전효과를 높일 수 있음을 인지한 것이다.

이후에 자세히 살펴보겠지만 제국 일본의 권력은 텍스트 내부의 문제뿐만 아니라 상영, 관람환경 부분에서도 현실감을 창출하는 방식을 지속적으로 은폐하는 조건을 갖추어 관객이 영화 속 가상 세계를 실제인 것처럼 감각하게 하고 중립적인 것으로 믿게 하려고 노력했다. 예를 들어 실내에서 영화를 상영하고 좋은 질의 스크린, 암막을 구비하였으며 관객인 학생들을 고립시키기 위해 좌석간 거리를 충분히 확보하려 했다. 영화를 통한 선전의 효과를 높이기 위해서 관람·상영환경도 잘 갖추어야 함을 알고 있었던 것이다.

나아가 제국 일본, 식민지 조선의 교육 당국은 선전자가 의도하고 있는 바를 재현하고 있는 가상 세계나 등장인물의 행동을 감동적인 것으로 묘사해, 피선전자인 관객이 선전자가 의도하는 바를

13 大石運平, 「映画と課外教育」, 『朝鮮の教育研究』, 朝鮮初等教育研究会, 1931, 57~58면.

쉽게 받아들이게 하려 했다.[14] 선전영화 속 가상 세계나 등장인물의 행동을 피선전자가 감동적인 것으로 받아들인다면 피선전자들은 가상 세계의 질서를 즐겁게 습득하려 하며 등장인물의 행동을 기꺼이 모방하려 하기 때문이다. 예를 들면 기승전결의 극적 구조에 맞추어 고난을 맞이한 영화 속 주인공이 결국에는 부단한 노동과 근검절약을 통해 이를 극복한다고 하면, 관객인 피교육자는 주인공이 행한 노동과 근검절약에 감동을 받게 되고 이를 즐거운 마음으로 모방하려 하게 되는 것이다.

영화를 통한 선전과 대중동원 방식은 근대 권력의 일반적 통제·동원 방식과 비교해 보아도 효과적이라 할 수 있다. 흔히 언급되는 근대 권력의 통제 방식은 권력이 의도하는 바를 스스로 수행해 나가게 하는 규율·감시 체계를 개인의 내부에 만드는 것이라고 할 수 있다. 이러한 내부 규율·감시 체제를 만든다는 것은 스스로를 통제하는 것을 의미하기에 일방적 권력의 강제에 의한 것보다 개인은 자유로워졌다고 감각하게 되며 권력에 대한 저항감도 줄어든다. 그러나 내부감시 체계를 만들게 하기 위해 권력은 끊임없이 개인들을 감시해야 하며 권력이 의도하는 바가 합리적이며 정당한 것이라고 지속적으로 설득해야 한다. 이 과정에서 개인은 거부감을 보일 수도 있기에 감시와 설득에는 상당한 시간과 노력이 필요하다고 할 수 있다. 그러나 영화를 이용한 동원 방식에서는 영

---

14 藤木秀明, 「社会の構築と民衆/観客」, 『観客へのアプローチ』, 森話社, 2011, 183면.

화 속 권력이 의도하는 바를 재현하고 있는 세계를 실제이고 중립적인 것처럼 감각하게 하며 나아가서는 감동적인 것으로 받아들이게 하기 때문에, 관객인 피선전자는 상대적으로 권력이 의도하는 바를 순순히, 즐거운 마음으로 받아들일 가능성이 높다.

근대 권력의 작동 방식을 푸코Michel Foucault는 판옵티콘Panopticon을 통해 설명하였는데 원형감옥에서처럼 권력자는 현시되지 않으면서도 피동원자의 모든 것을 감시해 규율할 수 있다고 보았다. 그러나 원형감옥에서의 개인에 대한 규율은 지속적 감시를 통해 얻어진 것으로, 개개인들은 적극적이고 즐거운 마음으로 권력이 의도하는 바에 순응해 간 것은 아니다. 영화를 이용한 방식은 원형감옥의 중심부 감시 공간에 권력자가 의도하거나 원하는 바의 질서를 재현하는 영화를 위치시켜 응시의 주체는 권력자에서 대중으로, 응시의 대상은 대중에서 권력자가 의도하는 바의 재현물영화로 바꾸는 것이다. 영화를 적극적으로 드러내 대중으로 하여금 이를 바라보게 하고 그 속의 가상 세계를 실제처럼, 그리고 감동적인 것으로 감각하게 함으로써 감시하거나 규율하는 수고를 적게 들이면서도 권력이 의도하며 재현하고 있는 세계를 순순히 받아들이고 모방하게 했다고 할 수 있다.

영화 상영이 순조롭게만 진행된다면 권력자의 입장에서 교화, 동원의 과정에서의 설득과 감시로 인한 수고와 노력은 줄어들고 그 효과도 커지는 것이라고 할 수 있다. 이에 선전자나 영화연구자들은 영화를 이용한 교육 방식을 피선전자가 모르는 사이에 교육자가 의도하는 바를 자연스럽게 받아들이게 할 수 있다는 의미에서 "무의도적 교육"이라고 표현하기도 하였다.[15] 이러한 영화의 높은 선전 효과를 잘 인식하여서 노동자에 대한 선전을 목적으로 영화를 상영했던 프로키노는 영화를 "무기"라고까지 표현한 것이다.[16]

그러나 여기서 문제가 되는 것은 실제로도 권력과 제작자의 의도대로 영화 장치가 마법을 발휘하고, 영화 관람을 통해 피선전자들은 선전자의 의도를 재현하고 있는 영화 속 가상 공간을 실제적이며 중립적인 것으로 감각하며 그것에 감동할 것이냐의 문제일 것이다. 앞서 살펴보았듯이 관객이 영화 속 가상 세계에 통합되기 위해서는 영화텍스트가 제대로 구성되는 것 이외에도 일정의 상영·관람환경을 갖추어야 한다. 이외 영화가 제작·상영·관람되는 과정에서 선전자가 예상하지 못한 많은 문제들도 개입될 가능성이 높다. 영화는 분명히 효과적 선전·동원의 수단이지만 상황에 따라 권력이 영화 상영을 통해 계획한 바의 결과를 얻지 못할 수도 있는 것이다.

만일 영화가 마법과 같은 힘을 발휘하지 못하여 관객은 영화 속 가상 공간을 실제적인 것으로 감각하지 못하고 권력이 의도하는 바를 감동적으로 받아들이지 않는다면 관람 공간은 그 어느 공간보다 위험한 공간이 될 수도 있다. 영화 관람 공간은 어두워 권력의 감시가 어렵고 더군다나 감시가 어려운 속에서도 사람들은 군

---

15 위의 책, 190면.

16 岩崎昶, 「プロキノの時代」, 『文化評論』 8, 新日本出版社, 1962, 73면.

집해 있어 집단 행동을 벌일 수도 있기 때문이다. 이외에도, 어둠은 타인과의 차이를 명확히 인식하지 못하게 하며 군집은 개인을 밀고 밀리는 집합의 동등한 일부로 만든다. 이에 어둠과 군집은 모여 있는 개인들로 하여금 타인과의 동질성과 친밀감을 강화시켜 개인 간 교류를 증대시킨다. 그렇기에 영화관의 어둠과 군집은 사람들이 저항과 같은 과감한 행동에 쉽게 나설 수 있게 한다.[17] 이에 권력의 입장에서 영화 상영은 너무나 매력적이긴 하지만 치명적인 위험을 내재하고 있는 양날의 검이며, 타인을 향하는 무기가 아닌 나를 향하는 흉기가 될 수 있게도 한다.

17 이에 대해서는 정충실, 앞의 책, 2018, 19~23면 참고.

제2장

제국 일본의 교육영화

효과적 선전 수단

1. 제국 일본의 교육영화 인식

1920년대 서구에서는 어떠한 매체보다 영화가 교육, 교화의 수단으로써, 효과적이라는 것을 잘 인지하고 교육영화에 대한 관심을 증대시켰다. 이러한 교육영화에 대한 관심을 바탕으로 1927년에는 국제연맹 아래 국제교육영화협회가 창설된다. 이곳에서는 각국에서 제작된 교육영화 정보가 수집되었으며 교육영화에 대한 각종 서적이 출판되기도 하였다. 이외에도 각국이 참여하여 교육영화 활성화 방안을 논하는 국제회의가 개최되었고 회의에서는 각국의 교육영화가 쉽게 수출입되도록 교육영화필름에 대한 관세 폐지를 합의하기도 했다.[1] 국제교육영화협회의 동향을 주시하거나 교육영화 관련 국제회의에 꾸준히 참석하는 등 교육영화에 관심을 기울여 온 제국 일본에서는 1928년 교육영화 라이브러리의 설립 이후 본격적으로 정부 주도로 교육영화에 관한 지원을 증

1 內務省警保局, 『各国における映画政策の概況』, 內務省, 1933, 141·161면.

대시켜 나갔다. 배급, 상영 조직을 완비하고 각 학교에 영사 시설을 적극적으로 확충해 나갔다. 이는 1930년대에 어떠한 교육 사업보다 교육영화 사업을 우선순위에 두고, 많은 예산을 투입하였기 때문에 가능한 일이었다.[2]

교육영화는 교육 당국, 학교가 주체가 되어 학생에 대한 선전, 교화를 목적으로 학교 혹은 영화관에서 상영하는 영화를 의미한다. 교육영화를 검토하는 이유는 무엇보다 빈빈하게 상영되어 당시 많은 이들이 관람한 영화이면서도, 국가, 학교 혹은 이들과 긴밀하게 연관된 신문사 등에 의해 상영되어 당시 제국 일본 권력의 특징을 설명하는 것이 가능하기 때문이다.

지금까지 제국주의 시기 일본의 교육영화에 대한 연구[3]가 존재하지 않은 것은 아니지만 그 연구는 교육영화 제작·배급의 조직만을 중점적으로 설명하고 있어 상영·관람의 실제, 상영의 목적, 구체적인 영화텍스트 등에 관해서는 언급하지 못하고 있다. 따라서 이 장에서는 교육영화의 구체상을 조직의 측면만이 아니라 상영 목적, 영화텍스트의 내용, 상영·관람환경까지 확대해 검토하겠다.

---

2 「文部省60万円で映画教育具体的化」, 『キネマ旬報』 583, キネマ旬報社, 1936, 10면.

3 大澤浄, 「教育映画成立史ー年少観客の出現とその囲い込み」, 加藤幹郎編, 『映画学的想像力』, 人文書院, 2006.

2. 교육영화 상영, 배급 조직

일본에서 교육영화는 1908년 오사카마이니치신문大阪毎日新聞, 이하 다이마이(大毎)의 활동사진반 발족으로부터 시작된다. 1909년 다이마이大毎가 도쿄의 한 신문사를 인수함으로서 활동사진반의 활동 반경이 오사카지역에서 도쿄지역으로까지 확대된다. 같은 해 다이마이는 국세조사를 주제로 한 교육영화와 일본 황실의 모습을 촬영한 영화를 제작, 상영하였다. 이후 다이마이의 교육영화 제작 사업은 번성해 당시 일반인들은 다이마이라고 하면 활동사진반에 의한 교육영화 상영을 떠올릴 정도였다고 한다.[4] 일본에서 교육영화 상영의 최초의 형태는 국가기관이나 학교가 주체는 아니었지만 다이마이의 첫 교육영화가 국세조사와 황실을 주제로 했다는 것을 통해 교육영화 상영, 제작은 처음부터 국가와의 긴밀한 연관 관계 속에 있었음을 알 수 있다. 다이마이 이외에도 문부성 등의 국가기관에 의한 교육영화 순회 상영도 있었다. 문부성에서는 1927년에서야 직접 교육영화를 제작하여 상영했지만 그 이전에는 영화사 등에 위탁해 영화를 제작하고 그 영화를 전국에 배포하기도 하였다.[5]

1928년은 일본 교육영화 상영 역사에 있어 매우 중요한 시기

4 이상 오사카마이니치신문에 의한 교육영화 상영은 水野新幸, 『大阪毎日新聞活動写真史』, 大阪毎日新聞社, 1925, 21~191면을 참고.

5 「文部省における民衆娯楽及び教育映画に関する施設概要」, 『文部省教育映画時報』 11, 文部省社会教育局, 1933, 33~37면.

였다. 1928년 다이마이와 문부성 각각이 교육영화 라이브러리를 설치한 것이다.[6] 라이브러리의 설치는 각 학교에 소장 영화 목록을 공유함과 동시에 각 학교에 의한 교육영화의 대출과 상영이 가능하게 했다는 점에서 중요한 의미를 지닌다고 할 수 있다. 라이브러리 설치 이후 라이브러리로부터 교육영화 대출, 상영을 위한 교섭을 수행하고, 대출한 교육영화를 다시 각 학교나 민간단체에 배급하는 교육영화연맹이 각 지역에 설치되었다. 교육영화연맹에는 각 지역의 지방관청, 학교, 민간단체가 참여하였다.[7] 이로써 라이브러리 아래 각 지역의 교육영화연맹이 소속되고 다시 그 아래는 각급 학교와 민간단체가 있는 전국적인 교육영화 배급망이 완성된 것이다. 라이브러리는 단순한 필름 저장소의 역할에 머무르지 않고 교육영화의 전국적 상영을 위한 배급망으로서 기능한 것이다. 이러한 이유로 당시 교육영화 관계자들은 "교육영화의 현실은 라이브러리의 설립에 있다"[8]고 표현하기도 했다.

라이브러리와 지역의 교육영화연맹 이외에도 영화교육중앙회, 전일본영화교육연구회 등의 기구가 설립되었다. 이들 단체는 교육영화 제작과 상영에 관한 연구를 행하고 교육영화 관련 잡지를 발행해 교육영화가 효율적이고 순조롭게 배급, 상영되도록 했다.[9]

---

6 關野嘉雄·下野宗逸, 『講堂映画方法論』, 生美堂, 1938.

7 교육영화연맹에 관한 내용은 文部省, 『道府県及び都市における教育映画利用状況』, 文部省, 1933, 3면; 全日本教育映画研究会, 『映画教育講座』, 四海書房, 1942, 265~266면 참고.

8 關野嘉雄·下野宗逸, 앞의 책, 2면.

이상 교육영화 조직의 완비 이후 교육영화는 자주 상영된 것으로 보인다. 각 지역의 교육영화 상영 횟수, 교육영화 관람자 수를 보여주는 전체적인 통계는 없지만 1932년 교육영화 상영회 개최 횟수는 10,869회이고 1938년 10~11월 2개월간의 관객수는 217만에 달했다고 한다.[10] 교육영화는 빈번하게 많은 사람을 대상으로 상영되었다는 것을 알 수 있게 한다. 교육영화 조직의 완비와 함께 영사설비의 보급도 상당한 수준으로 진행되어 1936년 전국 중학교의 28%, 소학교의 15.6%가 영사기를 소유하였다. 1932년에는 평균적으로 각 현청縣廳이 17대의 영사기를 소유하여 현청에 의해 교육 영사회가 개최되었고 영사기를 갖추지 못한 학교에 이것이 대여되기도 했다.[11]

교육영화 배급망의 완성은 교육영화 상영회의 주체를 문부성이나 다이마이로부터 각급 학교로 전환시키는 효과도 가져왔다. 라이브러리의 설립 이전에는 학교가 직접 필름을 수급하기 어려워, 영사회 주최자는 영사기와 필름을 가지고 각 학교를 방문한 문부성이나 다이마이가 되어야 했다. 이에 각 학교는 자신들만의 교육 목적에 맞는 영화를 선택해 상영하기가 어려웠다. 실제로 라이브러리 설치 이전 상영영화는 다이마이 등에 의해 선택되고 제공된 영화를 학교와 교사는 수동적으로 받아들일 뿐 상영과정에서

9 文部省, 『本邦映画教育の発達』, 文部省, 1938, 23~42면.

10 文部省, 앞의 책, 1933, 13면; 위의 책, 21면.

11 위의 책, 1933, 18면.

아무 역할도 하지 못한 채 학생들과 영화를 관람할 뿐이었다고 한다.[12] 그러나 라이브러리의 설치 이후에는 학교가 라이브러리에 소장된 필름을 직접 선택해 대여받아, 소유 영사기를 이용해 자신들이 직접 상영했기 때문에 자신들만의 교육 목적에 맞는 영화를 선택해 상영하는 것이 가능해졌다. 목적과 상황에 맞는 영화 선택과 상영은 교육영화 상영을 통해 학교나 교사가 피교육자를 더 효과적으로 교화, 동원할 가능성을 증대시키는 것이라 할 수 있다.

3. 교육영화의 내용

처음부터 교육영화 제작과 배급은 국가 권력과 밀접한 관련이 있고, 상영 주체인 교육 당국과 학교는 피교육자를 교화하기 위해 영화를 상영했다는 것을 앞서 살펴보았다. 그렇다고 하면 교육영화텍스트를 살펴보는 것을 통해서는 국가 권력·교육 당국의 교육영화 상영의 의도와 그들이 교화하고자 했던 내용이 무엇인가를 알 수 있을 것이다. 하지만 현재 당시 상영된 교육영화필름은 남아 있지 않아 불가피하게 시나리오를 통해 교육영화의 내용을 분석할 수밖에 없다.

〈흥행장의 아이ちんどん屋の子〉[13]는 흥행장을 운영하는 집안의 아

12 關野嘉雄·下野宗逸, 앞의 책, 2면.

13 西川幸次朗, 『映画教育叢書－映画学習方法論』, 生美堂, 1937, 48면.

들을 주인공으로 하고 있다. 그는 밤에는 흥행장을 하고 낮에는 노점을 운영해 생계를 유지하는 부모를 부끄럽게 생각한다. 어느날 흥행장 홍보를 하고 있는 아버지와 학교 교문 앞에서 마주치지만 부끄러워 모른 척 해버린다. 그러나 그는 아버지에게 미안함을 느낀다. 며칠 후 주인공은 한 친구가 신문배달을 하는 그의 아버지를 부끄럽게 생각하지 않고 아버지를 적극 돕는 것을 목격한다. 이것에 감명을 받은 주인공도 가계에 도움이 되기 위해 신문배달을 시작한다. 이러한 주인공의 변화를 본 아버지는 직업에는 귀천이 없고 어떠한 일이든 열심히 하는 것이 중요하다고 이야기한다. 결국 주인공은 과거의 행동을 반성하고 흥행장을 운영하는 것은 부끄러워 할 일이 아님을 깨닫게 되면서 영화는 끝이 난다.

이 영화는 직업의 귀천은 없고 중요한 것은 근면한 노동이라는 것을 말하고 있다. 등장인물인 아동이 이 사실을 노동을 하면서 깨닫게 된다는 점에서 노동이 면제되어 보호받아야 할 아동까지도 영화 속에서는 노동해야 할 존재로 설정되어 있음을 알 수 있다. 실제로도 제작자 측에서는 이 영화를 통해 전달하려는 바는 노동의 중요성과 아동의 자립자영 정신이라고 설명하고 있다.[14]

한편 아동의 주도적 역할을 강조하면서도 기성세대를 부정하는 것은 아니다. 대단한 위인은 아니지만 아버지는 근면하고 가족을 위해 열심히 노력하는 사람으로 그려져 있다. 마지막 순간 영화의

14 위의 책, 50면.

주제를 요약해 전달하는 역할을 행하는 사람도 아버지이다. 농촌 재건을 주제로 한 다른 교육영화인 〈협력의 은혜協力の恵み〉[15]에서도 마지막 시퀀스인 재건의 성공과 주인공 조부의 생일을 축하하는 잔치 장면에서, 조부는 오랫동안 자신의 아버지와 자신이 저금해 온 만 엔을 마을을 위해 기부한다. 이것은 마을의 재건에 있어 선조가 중요한 존재임을 나타내기 위한 장치라고 할 수 있다. 영화의 최후의 장면이 "우리 선조들은 위대하시다네. 모두 마음으로부터 감사하자"라고 하는 자막으로 점거되는 것을 통해서도 이는 명확하게 드러나고 있다. 이 영화에서도 기성세대, 사회질서는 존중되어야 할 것으로 묘사되어 있음을 알 수 있다.

문부성에 의해 직접 제작된 〈태양을 바라보다陽光を仰ぐ〉[16]는 부호의 아들과 그의 친구를 주인공으로 한 영화이다. 부호 아들 친구의 아버지는 실명을 해 큰 상실감을 느낀다. 아버지는 가족을 버려두고 가출하는 등 방황하지만 아들의 위로에 용기를 얻어 재기를 위해 안마사가 된다. 아들도 가계를 돕기 위해 신문배달을 한다. 수년 후 그 부자父子는 저축한 돈으로 야채가게를 개업한다. 야채가게는 부자의 성실함으로 인해 마을에서 좋은 평을 얻어 크게 성장한다. 한편 부호 아들의 집안은 아버지의 급사로 파산 상황에 이르게 된다. 이때 야채가게를 운영해 큰 수익을 얻은 가족은 부호의

---

15 農林省農産課, 『フィルム目録ー農民改良活動写真』, 農林省農産課, 1928, 19~24면.

16 「新作映画解説」, 『文部省教育映画時報』 7, 文部省社会教育局, 1931, 1~20면.

아들을 불러 동업을 하게 된다. 야채가게는 더욱 번성하게 되고 이전에는 노동해 본적이 없던 부호의 아들과 그의 어머니는 노동의 가치를 처음으로 느끼게 된다.

이 영화도 근면한 노동과 아동의 자립자영을 강조하고 있는 영화이다. 위의 영화보다 아버지가 강인한 사람은 아니지만 그렇다고 무책임하며 자식에게 전적으로 의존하는 인물은 아니다. 결국에는 자식의 뜻에 동조해 근면하게 노동하여 가계를 재건해 나간다. 이 영화 역시 기성세대나 아버지를 부정하지 않는다는 점에서 앞서 언급한 영화와 크게 다르지 않다고 할 수 있다.

문부성이 쇼치쿠松竹영화사에 위탁해 제작한 〈살아가는 힘生きる力〉[17]은 농촌학교를 졸업한 어느 청년의 도시로의 이주, 이후 고향 마을로의 귀향을 그린 영화이다. 피폐한 농촌을 피해 도시로 간 주인공은 한 회사에 취직한다. 그러나 그 회사는 노동자를 기만해 착취하는 회사였다. 이에 도시의 추악함을 경험한 주인공은 실망해 퇴직한다. 퇴직 후 우연히 만난 친구의 소개로 다른 공장에 취직하는데 이전과 달리 그곳의 작업환경은 좋아 공장 생활을 통해 합리적인 노동의 의미를 깨닫게 된다. 이후 도시에서 배운 합리적인 노동을 전파하기 위해 귀향하지만 고향 마을의 사람들은 아직 나태한 생활을 계속하고 있어 그것이 쉽지 않다. 하지만 주인공은 부단히 노력해 마을사람을 변화시키고 그들과 협력

17 「新作映画解説」,『文部省教育映画時報』3, 文部省社会教育局, 1930, 1~26면.

해 나가게 된다. 결국 마을은 갱생의 길을 걷게 되는 것으로 영화는 마무리 된다.

이 영화도 근면한 노동을 강조하고 있다. 주의를 기울여야 할 부분은 농촌과 도시에 관한 묘사에 있다. 도시와 농촌을 일방적으로 긍정적, 부정적인 것으로 묘사하지 않는다. 도시는 착취와 합리적 노동이 공존하는 장소로, 농촌은 피폐함·나태와 온정이 공존하는 장소로 그려지고 있다. 주인공은 도시의 단점을 버리고 장점만을 취해 이것을 농촌에 도입해 농촌의 단점을 보완함으로써, 농촌은 풍요로운 공간이 된다. 농촌을 단지 부정적, 혹은 긍정적으로만 묘사하지 않은 것은 앞서 언급한 〈협력의 은혜協力の恵み〉에서도 확인 할 수 있다. 영화의 주된 공간인 농촌은 청년이 떠날 수밖에 없는 피폐한 공간으로 설정되어 있지만 다른 한편으로는 피폐한 상황에서도 협력이 가능한 온정적 공간으로 그려져 있다. 이와 같이 농촌과 도시를 단지 긍정적 혹은 부정적으로만 그리지 않은 이유는 흔히 농촌, 농업은 일본문화의 본질로 생각하면서도 한편으로는 이미 일본은 제조업이 발달하여 제조업에 많은 노동력이 필요한 산업 구조로 진입함에 따라 도시와 도시에서의 노동이 일본 경제에서는 반드시 필요한 요소이기 때문이라고 할 수 있다.

이상의 텍스트 분석을 통해 교육자와 교육영화 제작자들이 말하고 싶었던 바는 근면한 노동, 자립정신, 사회질서와 기성세대에 대한 존중 등이라는 것을 알 수 있다. 노동과 자립정신의 강조라는 측면에서는 식민지 조선 교육영화의 내용과 비슷하지만 사회질서, 기성세대, 도시와 농촌의 묘사에 있어서는 양자 간 차이가 있다. 이는 다음 장에서 자세히 살펴볼 것이다.

4. 교육영화의 상영, 관람환경

교육자가 영화 상영을 통해 관객을 효과적으로 교화시키기 위해서는 관객이 영화 속 가상 공간을 실제적이고 중립적인 것으로 받아들여야 한다. 이것을 위해서는 영화텍스트의 구축에만 신경 쓸 것이 아니라 관객을 영화에 몰입시키고, 스크린의 영상이 만들어진 것임을 감각하지 못하게 하여, 실제인 것처럼 느끼게 하는 상영, 관람 조건이 필요하다. 그러한 상영, 관람환경이 갖추어지지 않는다고 하면 교육영화텍스트 자체가 아무리 관객을 몰입시키는 형식을 취하고 있더라도 교육영화를 통한 선전 효과는 얻어지기 어렵다.

일본 교육 당국과 교육자도 이를 잘 알고 있었으며 이에 따라 일정의 상영, 관람환경을 갖추기 위해 다양한 방식으로 노력하였다. 우선 무엇보다 교육현장 제일선의 교사가 상영, 관람환경 개선에 중요한 역할을 행하도록 했다. 그 역할은 대체적으로 상영장에서 관객으로 하여금 영화 속 가상 세계를 실제라고 느끼지 못하게 하고 영화 집중을 방해하는 행위를 금지시키고 환경을 개선하는 것이었다.

우선은 학생의 영화 집중에 대한 방해를 이유로 영화 상영 중 교사와 영화관계자 등에 의한 해설을 금지시켰다. 영화와 직접적 관계가 없는 설명만이 아니라 영화의 장면, 등장인물에 관한 설명 등 영화의 이해를 돕는 것도 금지되었다.[18] 영화 상영장의 교사에 의한 설명은 학생의 영화 감상에 개입하여 스크린에 보여 지는 것이 실제인 것처럼 감각하지 못하게 한다. 이점에서는 당시 영화관에서의 변사의 설명이 관객에 끼치는 영향과 유사하다고 할 수 있다. 1930년대 일본 영화관에서 사운드 도입 이후 관객은 조용히 주시하는 방식의 영화 관람 방식에 익숙해져 갔기에 변사의 상세한 설명은 관객의 영화로의 몰입에 방해되는 경우가 많았고 이에 일부 관객은 변사가 없는 영화관만을 방문하기도 하였다.[19] 실제로 당시 교육계는 영화 상영 중 교사의 설명을 변사의 설명과 같은 성격의 것이라 보고 영화에 대한 설명 자체를 "악폐"라고 인식하였다.[20] 이에 교육영화 관계자는 학생이 영화 상영장에서 영화만을 바라볼 수 있는 것이 교사의 설명이 있는 것보다 교육자가 의도한 바를 더욱 잘 수용할 수 있다고 생각하였다.[21] 같은 맥락에서 교육 당국은 무성영화 상영 시 재생되는 음악도 영화에 대한 집중을 방해하지 않도록 철저하게 보조적 수단에 머무르게 해야 한다고

---

18 西川幸次朗, 앞의 책, 28면.

19 정충실, 『경성과 도쿄에서 영화를 본다는 것－관객성 연구로 본 제국과 식민지의 문화사』, 현실문화연구, 2018, 91~121면.

20 關野嘉雄·下野宗逸, 앞의 책, 7면.

21 위의 책, 152면.

인식하였다.[22]

교사는 영화 상영 '전'에 학생에게 올바른 영화 관람 태도를 지도하게 해, 영화 상영 중 박수와 발구름, 영화에 관한 잡담, 크게 웃기 등을 금지시켰다.[23] 이와 같은 지도는 피교육자들의 소란스러운 관람으로 인해 다른 피교육자가 영화에 몰입하지 못하고 영화 속 가상 세계를 실제라고 감각하지 못하는 상황을 차단하기 위함이라고 할 수 있다. 잡담, 크게 웃기, 박수는 상영장에 모인 관객이 영화텍스트와 관계없는 감정을 공유하도록 할 가능성도 있다. 더군다나 상영장은 어둡기 때문에 어둠을 이용해 저항의 감정, 권력·사회질서로부터 벗어나 자유의 감정을 공유하기 쉽다. 교육영화 상영장은 아니지만 당시 일본의 상업영화관, 프로키노에 의한 영화 상영장에서 관객은 산만한 행동을 하며 저항의 감정, 권력에 대한 조롱과 증오, 자유의 감정을 공유하기도 하였다.[24] 이 때문에 교사가 이와 같은 행위를 금지한 것은 교육영화 상영장이 의도와는 달리 교사에 대한 저항감, 교사의 시야로부터의 자유의 감각을 몸에 새기는 공간으로 전환되는 것을 방지하기 위함이라고도 할 수 있다.

---

22 위의 책, 163면.

23 위의 책, 144~145면; 西川幸次朗, 앞의 책, 26면.

24 龍田出, 「地方小都市農村と小唄映画」, 『新興映画』 1-2, 新興映画社, 1929, 45~57면; 山田三吉, 「プロキノ作品上映と検閲に就いて」, 『プロレタリア映画』 1930-10, 新鋭社, 1930, 60면; 山野勝三, 「山形の雪を蹴って」, 『プロレタリア映画』 1931-2, 新鋭社, 1931, 66~67면.

문부성에 의해 1920년대 후반부터 교육영화기술 강습회가 개최되었다.[25] 물론 강습회에서의 교육의 대상자는 일선학교에서 교육영화 상영의 책임을 지고 있는 교사였다. 교사는 영화 상영 전문가는 아니기 때문에 교육영화 상영 중 영사 장치 조작 미숙 등으로 인해 영화 상영이 도중에 끊어지는 경우도 있고 영사기에 불이 붙는 경우도 있었다. 이것은 연속적인 영화 상영에 지장을 초래해 피교육자가 영화에 집중하지 못하게 하거나 영화 속 가상 공간을 실제처럼 느끼지 못하게 하는 요인으로 작용했고 이는 교육영화의 교화, 선전효과를 저하시키는 것이었다. 따라서 문부성은 정기적으로 강습회를 열어 영화교육개요, 영사기술 구조 및 취급, 필름의 성질 및 취급, 영사용 전기학, 영사 시설과 단속법규 등의 과목을 가르치고 교사의 영화관련기술을 훈련시켜[26] 교육영화가 순조롭게 상영되도록 했다.

영화 상영은 반드시 실내에서 행하도록 하였다. 당시 다른 선전영화 상영은 밤에 실내가 아닌 공터, 사찰의 경내, 학교 운동장에서 행하는 경우가 많았다. 반면 교육영화는 강당, 교실에 암실 장치와 영사 장치를 설치해 그곳에서 영화가 상영되도록 하였다.[27]

---

25 「文部省における民衆娯楽及び教育映画に関する施設概要」, 『文部省教育映画時報』 11, 文部省社会教育局, 1933, 33~36면.

26 「昭和九年度「映画技術者講習会」概況」, 『文部省教育時報』 15, 文部省社会教育局, 1935, 100~102면; 「映画教育夏期講座」, 『キネマ週報』 243, キネマ週報社, 1935, 350면.

27 文部省, 『学生生活の娯楽に関する調査』, 文部省, 1935, 34·53·57면.

우선 이는 기후와 소음으로 인한 방해 없이 관객이 영화에 집중하도록 하고 영화 속 가상 세계를 실제인 것처럼 감각하게 했을 것이다. 그리고 야간이 아닌 주간에 영화가 상영되도록 해 정식 수업 시간에 영화가 상영될 수 있게 했다. 실제로 도쿄의 한 학교에서는 보통 오전 2교시에 영화를 상영했다.[28] 이것은 영화 상영장에 대한 교사의 감시가 항상 가능하도록 하여 일부 학생에 의한 타 학생의 영화 집중 방해 행위를 최소화하는 것이었다.

좌석의 간격도 충분히 확보하게 했다.[29] 이것은 다른 관객과의 접촉을 차단해 영화에 대한 관객의 집중을 강화하도록 한 것이다. 아울러 어두운 관람 공간에서 나 이외 다른 사람은 없다고 느끼게 해, 영화 속의 가상 세계를 자신이 직접 경험하고 있는 것처럼 감각하도록 한다. 또한 관객 사이 간격의 확보는 타인과의 접촉과 감정의 공유를 막고 관람 공간이 선전의 장이 아닌 저항, 자유의 공간으로 전환되는 것을 방지한다.

이외 냉난방 장치를 설치하고 영화를 잘 비추기 위한 규격화된 스크린과 빛의 차단이 좋은 암막을 사용하도록 했다.[30] 냉난방 장치는 영화를 보는 동안 추위와 더위를 느끼지 않도록 해 관객이 온전히 영화에 집중하도록 하는 것이었다. 양질의 스크린과 암막은 스크린에 비춰지는 영상을 관객으로 하여금 더욱 실제와 비슷하

---

28 「芝·赤羽校の映写教室で」, 『キネマ週報』 254, キネマ週報報社, 1935, 32면.
29 關野嘉雄·下野宗逸, 앞의 책, 102~118면.
30 위의 책, 102~118면.

게 감각하게 하며 자신이 직접 경험한 것처럼 느끼도록 해, 영화 속 가상 세계에 구현되고 있는 질서를 거부감 없이 받아들이게 할 것이다.

교사는 영화 상영 '중' 영화의 순조로운 상영을 도울 뿐 학생이 영화 속 가상 세계에 통합되는 것을 방해하지 않기 위해 적극적으로 학생의 눈앞에 등장하지 않았지만, 상영 '후' 학생의 영화해석에 대한 지도 과정에는 적극적으로 개입하였다. 우선 영화 상영 직후의 수업시간에 교사가 보는 앞에서 학생들이 영화에 대해 토론하도록 했다. 영화에 대한 토론은 영화 상영 중에는 타인의 영화 관람을 방해 하지 않기 위해 철저히 금지되었지만, 영화 상영 후의 이것은 피교육자가 다양한 사람의 의견을 듣게 해 자신의 영화 이해가 적합했는지를 생각해 보게 하는 기회를 부여하기 위한 것이었다. 그 후는 이러한 의견교환에 근거해 학생이 영화를 최종적으로 어떻게 이해했는가에 대해 공개적으로 발표하도록 하였다. 발표를 통해 학생은 영화에 대한 이해를 정리할 수 있도록 했고 교사는 발표에서의 오류를 교정함으로써 학생의 해석이 영화 속에 재현되어 있는 교육 의도에서 벗어나지 않게 했다. 발표와 교정 이후 얻어진 해석은 기록하도록 했는데 이것은 학생에게 교육의 의도에 맞는 영화해석 방법을 기억시키기 위함이었다.[31]

이러한 지도는 영화를 어떠한 방해 요소 없이 집중해 관람하는

31 이에 대해서는 『文部省教育映画時報』 15, 文部省社会教育局, 1935, 82면; 關野嘉雄·下野宗逸, 앞의 책, 148면; 西川幸次朗, 앞의 글, 29~45면을 참고.

것에 머무르지 않고 교육자의 의도와는 다른 방식으로 피교육자가 영화를 해석할 가능성을 차단한다. 교육영화 제작자 혹은 교사가 의도한 바 그대로를 피교육자들이 수용하게 하기 위한 장치라고 할 수 있다. 영화 상영 후 교사에 의한 지도는 교육영화를 통한 선전과 교화의 효과를 극대화하기 위함인 것이다. 이와 같은 훈련을 통해 영화의 해석방법이 체득된다면 이후 학생은 별도의 교사의 지도 없이도 교육영화를 통해 교사와 교육 당국이 의도하는 바의 그대로를 쉽게 받아들이게 될 것이다.

5. 관객의 관람 양상과 그 효과

상영, 배급 조직이 잘 갖추어져 있으며 영화 속에서는 교육자와 교육 당국이 바라는 바가 일관적으로 구현되어 있고, 상영환경은 학생의 영화로의 집중을 보장할 조건을 갖춘 상황에서, 관객인 학생은 조용히 스크린을 주시하면서 영화를 관람하기 용이했을 것이다. 특히 관람 공간은 학교 내이고 상영 시간은 일과 중이었다. 따라서 통제, 감시의 수준은 교실의 수업과 같았기 때문에 학생은 자유롭고 산만하게 영화를 관람하기는 쉽지 않았을 것이다. 또한 일본에서 영화는 대중화되었기에 학생들은 영화를 쉽게 이해하여 영화 속 가상 세계에 수월하게 통합될 수 있었을 것이다.

학생의 관람, 영화 수용의 양상에 관한 구제적인 자료를 많이 발견하지는 못했지만 히로시마 교호연맹広島教護連盟의 조사를 통해 관람 양상의 일부를 파악할 수는 있다. 이 조사에서는 상영 중의 감시, 관람 후의 지도를 통해 학생들은 도덕을 체득하고 국민정신을 함양하며 상식을 배울 수 있었다고 기록하고 있다.[32] 교육영화 상영을 통해 학생에 대한 교화, 선전의 효과가 일정 정도 있었음을 알 수 있게 한다.

도쿄의 아카바네소학교赤羽小学校는 개가 주인공인 어느 영화를 상영할 때 학생들의 관람 결과를 기록하고 있다. 그 기록에서는 학생의 90%가 영화의 주제를 '생명 존중'이라고 답하여 전체적으로 학생들이 교육영화의 내용을 잘 이해하였다고 보고 있다. 영화 관람 중 일부 학생들이 웃거나 소리를 질렀지만 그것은 산만하고 무질서한 형태는 아니었고 영화에 너무 집중한 상태에서 보인 무의식적인 반응이라고 말하고 있다. 아카바네소학교는 이 영화가 상영되고 6개월이 지난 후 학생들이 이 영화를 얼마나 잘 기억하고 있는지에 대해서도 조사를 행했다. 이 조사에서는 가장 인상깊은 장면을 대부분의 학생들이 동일하게 답했다고 기록하고 있다. 이를 통해 학생들은 전체적으로 영화를 잘 이해했으며 감동의 양상이 동일하다고 결론짓고 있다.[33]

제국 일본에서는 교육영화를 잘 만들고 배급 조직과 상영환경

---

32 広島教護連盟, 『生徒児童の映画観覧に関する対策に就いて』, 広島教護連盟, 1937, 58~59면.

33 「芝·赤羽校の映写教室で」, 『キネマ週報』 254, キネマ週報報社, 1935, 32면.

역시 잘 갖추었기에 학생들이 교육영화 속의 가상 세계에 통합되어 교육자와 교육 당국의 의도대로 영화를 잘 수용했을 가능성이 높았음을 알 수 있다.

제3장

식민지 조선의 교육영화

동화 정책의 모순

1. 식민지에서의 교육영화 인식

1930년을 전후로 식민지 조선의 교육자들도 일본 교육자들처럼 교육영화 상영의 중요성을 인지하기 시작한다. 그들은 당시 교육계의 가장 큰 관심사가 교육영화라고 하면서 높은 교화, 선전효과로 인해 영화를 교육에 이용하려는 풍조가 짙어졌다고 표현했다.[1]

서구와 일본에서 교육영화에 대한 지원이 강화되고 식민지 조선에서도 교육영화에 대한 관심이 고조되었음에도 영화학 분야에서든, 교육학 분야에서든 식민지 시기 교육영화 상영에 대한 본격적인 연구는 아직 행해지지 않고 있다. 영화학 분야에서는 그동안 식민지 영화에 관한 많은 연구 성과들이 발표되었지만 대부분 상업영화에 관한 것들이고 일부 연구는 비상업적 영화 상영을 다루고 있지만 교육영화에 대한 연구는 없다. 교육학 분야에서는 식민

---

1 大石運平,「映画と課外教育」,『朝鮮の教育研究』, 朝鮮初等教育研究会, 1931, 54면;「朝鮮教育映畵聯盟設立の趣意」,『文教の朝鮮』 1937-4, 朝鮮初等教育研究会, 1937, 158면.

지 시기의 교육 제도의 성립과정, 학교에서의 규율, 교과서의 내용 등을 분석하고 있으나 영상, 영화가 교육에 어떻게 이용되는지에 대해서는 별다른 설명을 하지 않는다.[2]

이러한 상황에서 제국 일본의 교육영화 상영에 이어 이 장에서는 식민지 조선에서 교육영화 상영을 검토한다. 구체적으로 식민지 권력은 어떤 목적에서 교육영화를 상영했고 교육영화는 어떤 내용으로 제작되었는지, 교육영화의 동원, 선전효과를 증대시키기 위해 상영환경을 어느 정도나 갖추었는지, 실제 관객은 교육영화를 어떻게 받아들였는지를 살펴볼 것이다. 마지막으로는 식민지 조선의 교육영화 상영 목적, 내용, 상영환경, 관람 양상을 일본의 것과도 비교할 것이다.

2. 교육영화의 내용

1) 영화의 내러티브

조선에서도 교육영화 상영의 중요한 목적은 식민지 교육 당국이 의도하는 바의 효과적인 교화와 선전이었다. 교육영화의 내용

---

2 이에 대한 대표적 연구로서는 오성철, 『식민지 초등교육의 형성』, 교육과학사, 2010; 古川宣子, 「일제시대 보통학교체제의 형성」, 서울대 박사논문, 1996; 김진균·정근식·강이수, 「일제하 보통학교와 규율」, 『근대주체와 식민지 규율권력』, 문화과학사, 1997 등이 있다.

분석을 통해 교화하고자 하는 바를 파악할 수 있을 것이다. 식민지 조선에서 어떤 내용의 교육영화가 얼마나 제작됐는지를 정확하게 밝혀줄 자료는 발견하지 못했지만, 이후 살펴볼 시나리오를 통해 당시의 교육영화가 대략 어떤 내용으로 만들어졌는지를 알 수 있다. 총독부 산하의 조선 교육회가 발행한 교육잡지 『문교의 조선文教の朝鮮』에는 교육영화 시나리오 두 편이 실려 있다. 그 제목은 〈농촌행진곡農村行進曲〉과 〈해수를 가는 자海水を耕すもの〉이다.[3]

〈농촌행진곡〉의 내용은 다음과 같다. 보통학교를 졸업하고 허상을 좇아 경성으로 간 임태선은 직업도 없이 빈곤하게 살며 고생하고 있다. 반면 고향 농촌에 남은 친구들은 보통학교 교장과 교사의 지도 아래, 서로 협력하며 마을에서 평화롭게 살고 있다. 경성에서 임태선의 고생은 공원에서의 노숙이나 직업소개소에서의 멸시 등으로 표현되고 있는 것에 비해, 고향 마을 사람들의 화목은 보통학교 주최의 농업 실습회에서의 협력과 실습 후의 즐거운 회식으로 표현되어 있다. 결국 임태선은 경성에서의 고생을 견디지 못하고 귀향하는데 그때 그는 바로 집으로 들어가지 못하고 집 주위를 배회한다. 그 길에서 친구들은 그를 따뜻하게 맞아주며 부모님 역시 그를 반겨준다. 영화는 마을 청년들이 사이좋게 가마니, 비료 생산을 위해 공동 작업을 하는 것으로 끝맺는다.

---

3 光永紫潮, 「農村振興實科教育『農村行進曲』」, 『文教の朝鮮』 1929-1, 朝鮮教育会, 1929, 119~126면; 高享鎭, 「海水を耕すもの」, 『文教の朝鮮』 1932-7, 朝鮮教育会, 1932, 106~119면.

〈해수를 가는 자〉는 황해도 해안에 사는 명학을 주인공으로 하고 있다. 명학은 교장의 '하늘은 스스로 돕는 자를 돕는다'라는 주제의 강연에 감동을 받는다. 이후 해안에서 해산물을 채취하여 시장에서 팔아 번 돈을 우체국에 조금씩 저축한다. 어느 날 조업 나간 아버지는 태풍을 맞아 표류하게 된다. 명학은 마을의 어부들에게 아버지를 구조해 달라고 사정하지만 어부들은 위험한 상황이어서 그럴 수 없다고 말한다. 이에 명학은 지금까지 저축한 돈을 내밀면서 아버지를 구조해 달라고 재차 부탁한다. 이에 어부들은 감동하여 돈도 받지도 않고 폭풍 속에서 아버지를 구해온다. 이후 영화는 명학이 전교생 앞에서 도지사의 표창을 받는 장면으로 끝이 난다.

이상의 시나리오는 영화 속의 가상 세계에 재현되고 있는 질서를 관객이 거부감 없이 받아들이게 하기 위해 감동을 자아내는 구조를 취하고 있다. 〈농촌행진곡〉에서 감동적인 부분은 주인공이 힘든 도시 생활을 마치고 귀향하는 부분인데, 주인공과 부모가 만나는 것은 단순한 내용임에도 불구하고 상당한 분량으로, 복잡한 과정을 거치는 것으로 구성되어 있다. 이는 관객의 긴장감을 고조시켜, 주인공이 농촌으로 귀환함으로서 관객이 받는 감동을 극대화시키는 것이다. 구체적으로 살펴보면 귀향한 주인공은 집에 바로 들어가지 않는다. 문 앞에서 주저하고 있을 때 어머니는 주인공을 발견하고 문 밖으로 나온다. 처음에 주인공은 몸을 숨기나 이후 어머니에게 조금씩 다가간다. 시나리오 전체는 총 20개 시퀀스로 구성되어 있는데 이 부분에 4개의 시퀀스가 할애되어 이 부분이 차지하는 분량도 상당함을 알 수 있다. 한곳에서 촬영하지 않고 집 앞, 집의 내부, 문 앞 등 다양한 장소를 배경으로 촬영되었다.

〈해수를 가는 자〉에서 가장 감동적인 부분은 명학의 효심과 부지런함에 감동한 어부들이 태풍의 위협을 무릅쓰고 아버지를 구하는 장면이다. 여기에서도 감동을 극대화시키기 위하여 긴장감을 고조시키고 있다. 아버지를 쉽게 구하는 것이 아니라 태풍을 두려워하여 구조에 나서지 않으려는 어부들을 명학이 끈질기게 설득하여 구조에 나서게 하는 것으로 설정했다. 태풍을 맞은 급박한 상황에서 어부들이 명학의 요구를 수락하지 않자 명학은 폭풍 속에서 부두에서 우체국까지 달려가 돈을 인출하고 그 돈을 어부에게 내밀면서 아버지를 구조해 달라고 재차 부탁하여 마침내 어부들의 허락을 얻게 된다. 출항 이후에도 어부들은 한번이 아니고 두 번의 시도를 통해서 아버지를 구하게 된다. 이 부분에서는 태풍으로 나무가 부러지는 장면이나 심한 비바람 장면, 성난 파도 장면 등을 여기저기에 삽입하여 위기감을 더욱 고조시킨다. 아버지를 구하는 과정은 실제 시간상으로는 짧겠지만 영화 전체의 50개의 시퀀스 중 20개의 시퀀스를 차지하는 상당한 분량으로 구성되었다. 이렇게 길게 표현된 위기 이후 아버지가 무사히 귀환한다면 아버지를 구하는데 결정적 역할을 한 주인공의 근면한 노동과 저축에 대해 관객은 더욱 감동받을 수 있다.

2) 영화 속에 재현된 질서

〈농촌행진곡〉에서는 도시는 냉혹하여 살기 어려운 장소로 묘사한 반면 농촌은 따뜻하고 살기 좋은 곳으로 묘사하며 유토피아, 삶의 근원으로 설정하고 있다. 〈해수를 가는 자〉 역시 농촌을 배경으로 하여 마을 사람들이 아버지의 사고를 함께 걱정하고 서로 돕는 등 농촌을 평화로운 공동체로 그리고 있다. 농촌을 삶의 근원으로 인식하는 사고는 이전부터 존재하여 왔다고 할 수 있다. 1907년에 발행된 『대한흥학보大韓興學報』 제5권 「농촌과 도시를 논하다」 기사에서는 조선을 도시 문명과 구별되는 농촌 국가로 설정하면서 농촌이 국가의 기틀이고 국부의 원천이라고 설명한다. 1923년 2월에 발행된 『개벽』 제32권 「농민을 해방시킨다」 기사에서도 농업은 국가의 근본이라고 설명하고 있다. 이는 근대 이후 도시 문명으로 상징되는 제국주의 국가들에 대해 식민지 조선이 스스로의 존재가치를 찾고, 정체성을 형성하기 위한 것이었다.

그러나 1930년을 전후하여 만들어진 교육영화는 농촌을 삶의 근원에 두는 것에 그치지 않고 유토피아로 설정하는 것으로까지 나아가고 있다. 이는 1920년대 후반, 1930년대 초기 경제 공황과 농촌 경제의 붕괴 등 당시 식민지 조선이 처한 사회 문제에서 기인한 것으로 보인다. 즉, 식민지 교육 당국은 교육영화를 통해서 오래 전부터 일반인 사이에서 존재한 농본주의 인식을 적극적으로 이용하여 농촌을 유토피아로 포장해 현재 조선 농촌의 파국적 상황을 은폐하려 한 것이다.

1930년대에 제작된 〈나그네〉, 〈주인 없는 나룻배〉 등 조선인 제작 상업영화들도 농촌을 배경으로 농촌을 공동체적인 기억의 공간으로 다루고 있다. 그러나 이 영화들은 농촌을 빈곤, 겁탈, 살인의 공간으로 그리고 있다.[4] 비슷한 시기에 만들어진 총독부의 교육영화와 민간의 조선인에 의해서 제작된 영화가 농촌을 배경으로 하면서 삶의 근원으로 설정한 부분은 유사하다. 그러나 전자는 유토피아로, 후자는 지옥으로 그리고 있다는 차이가 있다. 양측 모두가 농촌을 근원으로 그리는 것은 영화에 당시인들의 집단적 정서와 인식 구조가 투영된 것이라 할 수 있다. 농촌 묘사의 차이는 식민지 교육 당국과 조선인이라는 각기 다른 제작 주체에 의한 영화 제작 목적의 차이에서 기인한 것으로 보인다. 농촌을 유토피아로 설정한 것은 총독부는 영화를 통해서, 학생들로 하여금 파국적인 농촌 상황을 잊게 하기 위함이다. 조선인 영화 제작자는 관객으로 하여금 감정 이입시켜 영화를 흥행시키기 위해서 농촌을 지옥으로 설정하여 일제하 조선의 비참한 상황, 이로 인한 조선인들의 고통과 슬픔을 극명하게 드러낸 것이다.

위에 언급한 교육영화에서는 농촌을 유토피아로 묘사할 뿐 아니라, 농촌에서의 부지런한 노동은 주인공이 처한 위기를 해결하는 것으로 설정하고 있다. 〈농촌행진곡〉에서는 도시에서 직업도 없이 떠돌아야 했던 주인공은 노동할 수 있는 농촌 공동체에서 안식

4 이화진, 「식민지영화의 내셔널리티와 '향토색'」, 『상허학보』 13, 상허학회, 2004, 363~388면.

을 얻게 된다. 〈해수를 가는 자〉에서는 주인공의 노동을 통한 저축이 아버지를 구하는 데 결정적인 역할을 행한다. 당시 교육계에서 근면한 노동은 1920년대 후반부터 특히 강조되었다. 직업 교육이 강조되며 직업 교육 수업 시간이 급증하고 수신 교과서는 이전보다 근면한 노동에 관한 내용을 증가시켰다. 수신 교과서의 내용 역시 근면한 노동을 통해서는 보상을 받을 수 있다는 것이다.[5] 두 교육영화 시나리오는 당시의 교과 내용을 잘 반영했다고도 할 수 있다.

이처럼 1920년대 중후반부터 농촌에서 근면한 노동이 학교 교육에서 강조된 이유는 종전에는 실질적인 노동 교육이 소홀히 취급된 결과, 학생운동이 급증하고 농촌에서 노동하려 하지 않고 도시의 상급학교에 진학하려 하는 움직임이 강해져 입학난과 도시에서의 취업난이 발생했다고 교육 당국이 인식했기 때문이었다.[6] 또 다른 이유는 당시의 경제 상황에 의한 식민지 농업 경제 정책에서 찾을 수 있다. 1930년대 일본은 경제 공황을 극복하기 위해 통화 가치를 절하하는데 이로 인해 외국과 통상 마찰이 발생해 외국으로부터의 원자재 수급이 어려워지게 된다. 이러한 상황에서 일본은 조선의 농촌에서 조선인의 노동력을 이용해 수입을 대체할 정도의 원자재 생산을 계획했다.[7] 특히 수입을 대체할 원자재 생산은 미곡 생산에 전력을 다해야 하는 성인 남성을 대신해 아동, 학

---

5 朝鮮總督府, 『普通學校修身書卷一』, 朝鮮總督府, 1930, 94~100면.

6 오성철, 앞의 책, 281면.

7 이에 대해서는 정충실, 「1920~30년대 농촌진흥운동에서 농가갱생계획의 성격」, 서울대 석사논문, 2007 참고.

생 등의 노동력이 투입되어야 했고, 이러한 상황 속에서 교육영화는 농촌에서의 근면한 노동을 강조한 것이라고 할 수 있다.

농촌을 유토피아로 묘사하거나 농촌에서의 근면한 노동이 모든 것을 해결한다는 내용은 당시의 현실과는 지나치게 동떨어진 것이었다. 1920, 1930년대 초까지의 경제 대공황으로 인해 조선 농촌의 상황은 매우 나빴기 때문이다. 조선 농민의 생활수준은 매우 낮았고 농가의 사채는 지속적으로 늘어났으며 이에 농민에게는 끝없는 노동이 강요될 수밖에 없었다. 이러한 농촌을 피해 많은 농촌 인구가 경성과 같은 도시로 집중되었고 도시 주변부에는 급격한 슬럼화가 진행되었다. 농촌에 남겨진 사람들은 곳곳에서 지주나 식민지 권력을 상대로 쟁의를 일으켰다.[8] 이와 같이 현실과 영화 속 세계가 극명하게 차이를 보인다면 영화가 극적 구조를 아주 잘 구축하고 관객에게 감동을 준다고 해도 관객을 교화·교육하기에는 한계가 있을 수밖에 없다. 관객은 제작자가 교화하고자 하는 바를 구현하고 있는 영화 속의 가상 세계를 현실이라고 믿을 수 없고 그것이 허구임을 쉽게 간파할 수 있기 때문이다. 식민지 상황을 면밀히 고려하지 않고 농촌 사람들의 불만을 손쉽게 누그러뜨리며 조선을 수입 대체 상품의 원료 공급지로 정착시키려 하는 등 성급하게 많은 것을 얻기 위해서 영화를 통해 조선의 현실을 숨기고 과대 포장하는 것은 오히려 교육영화의 효용을 반감시키는 것

8 지수걸, 「1932~35년간의 농촌진흥운동」, 『한국사연구』 46, 한국사연구회, 1984, 119~126면.

일 수도 있다. 앞서 살펴보았지만 일본에서 상영된 교육영화에서는 현실을 고려해 농촌을 긍정적으로만 묘사하지 않았다는 점에서 대비된다.

농촌을 유토피아로 그리거나 근면한 노동이 가족 해체 등의 모든 문제를 해결한다는 것 이외에도 두 시나리오는 부모의 도움을 받지 못하는 조선인 학생, 혹은 조선인 보통학교 졸업생을 주인공으로 한다는 점에서 공통된다. 주인공의 조선인 부모는 무기력, 무능력하다는 공통점도 갖고 있다. 〈농촌행진곡〉에서 주인공 부모는 도시에서 고생하는 아들을 도울 수 없을 뿐만 아니라 아들의 행방조차 모른다. 〈해수를 가는 자〉에서도 주인공 아버지는 오히려 어린 아들의 도움을 빌려야 할 상황에 처하게 되며, 어머니는 아버지의 구조에 있어서 어떠한 역할도 하지 않는다. 대신 문제 해결에 가장 큰 역할을 하는 존재는 일본인 교장이다. 〈농촌행진곡〉에서 주인공에게 안식을 주며 평화로운 농촌을 만드는 것에 있어 중요한 역할을 행하는 사람은 보통학교의 일본인 교장이다. 〈해수를 가는 자〉에서 주인공이 아버지를 구하는 데 결정적인 열쇠가 된 것은 성실한 노동과 저축이었는데, 성실한 노동과 저축은 조선인 주인공이 교장의 강연에 감동을 받은 이후 실행한 것이었다. 여기서 교장은 하야시 아사노스케林朝之助라는 이름의 일본인으로서 명확하게 설정되어 있다. 마지막 장면에서 그는 전교생 앞에서 주인공의 선행을 표창하고 인정하는 역할도 하고 있다. 이를 통해 교육영화 속의 유토피아적인 농촌은 일본인이, 부모의 도움을 받을 수 없는 조선인 학생을 보호하는 사회로 그려지고 있음을 알 수 있다. 주인공인 조선인 아동은 일본인을 순순히 따를 때 사회에서 인정받고 안정을 얻을 수 있게 된다. 이는 조선인을 일본인으로부터 도움받아야 하는 존재, 일본인보다 열등한 존재로 설정해 일본에 의한 조선 지배를 정당화하는 것으로 연결된다.

또한 두 시나리오에서 주인공 아동의 이름은 태선과 명학으로 조선인이라는 흔적은 지워지지 않고 결말에서는 조선인의 가족품으로 보내어진다. 조선인은 일본인과는 다른 존재로 그려지고 있는 것이다. 조선인 아동을 일본의 정책에 동원하려고 하면서도 조선인은 일본인과 다른 존재, 통합되지 않는 존재로 그리고 있는 것은 모순일 수밖에 없다. 상대를 동원하고 포섭하려면 상대에게 당신과 나는 동일하며 우리는 하나가 될 수 있다는 신뢰를 부여해야 하기 때문이다. 영화가 아무리 재미있고, 감동적이라 해도 이런 모순 속에서는 권력이 의도하는 것을 관객인 학생이 실제적이고 중립적인 것으로 받아들이기에는 한계가 있을 수밖에 없다. 불완전한 동원, 포섭에도 불구하고 제국 권력이 식민지와의 차이를 강조하는 것은, 호미 바바Homi K. Bhabha에 의하면 식민지인을 동원하고 포섭해야 하지만 한편으로는 그들과 하나가 되고 싶진 않다는 제국인의 모순된 욕망 때문이다. 또한 그는 식민지인을 통제·예상할 수 없는 존재로 남겨두어야 하는 위험성에도 불구하고 그들과의 차별을 통해서야 비로소 우월한 제국인이 될 수 있는 그들의 허약한 정체성도 식민지에 대한 차이를 삭제하지 못하는 이유라 보았다.[9] 고마고메 다케시駒込武는 대만, 조선, 만주 등에서 일본의 동화정책에 대한 분석을 통해 일본이 식민지에 대해 동화를 원하면서도 다른 한편으로는 이를 불가능하게 하는 차별을 강조하였다고 설명한다. 이는 제국의 유지를 위해서라도 식민지민에 대한 동원 필요성이 증대하여 제국인과 식민지인 사이 동일화를 말해야 함에도 불구하고, 혈족 관념에 근거하여 아시아 민족들로부터 자신들을 차별화하려는 일본 민족주의가 훼손되는 것을 원하지 않은 당시 제국 일본인의 모순 때문이라고 설명하고 있다. 이러한 모순을 식민지인은 직감할 수밖에 없으며 근본적으로 일본의 동화정책은 성공할 수 없는 것이라고도 보았다.[10]

한편 1945년 식민지 당국의 지원을 받아 제작된 선전영화 〈사랑의 맹서〉최인규 감독에서는 일본인에 입양되어 양육된 조선인 고아의 이름을 '에이 류'로 설정해 조선인이라는 흔적을 지우고 있다. 이에 대해서 타카시 후지타니Takashi Fujitani는 에이 류를 고아로 설정하여 일본인이 양육하고 일본인 가족으로 편입시켜 일본인 이름을 부여하는 것은 조선인이라는 혈통 상의 차이를 제거하는 것이라고 설명한다. 이는 급박한 전쟁 상황에서야, 전쟁에 지원하도록

---

9 Homi K. Bhabha, "The other question : difference, discrimination and the discourse of colonialism" in Houston A. Baker Jr., Manthia Diawara·Ruth H. Lindeborg(eds.), *Black British Culture Studies*, University of Chicago, 1996, pp.87~106.

10 고마고메 다케시, 오성철 외역, 『식민지제국 일본의 문화통합』, 역사비평사, 2008.

하기 위해 조선인에게 일본인의 정체성을 부여하는 것이며 조선인을 완전히 동화시키는 조건을 제시하는 것이라고 보았다.[11]

1939년 3월 13일 『요미우리신문読売新聞』에 실린 '조선에서 제작되는 영화 시나리오'에 대한 조선총독부의 공모를 보면 영화의 주제는 '내선융화'에 그쳐서는 안되며 '내선일체'까지 나아가야 한다고 적시하고 있다. 또한 등장인물 묘사에 있어 조선인으로서의 정체성을 드러내서는 안되며 조선인은 단지 조선 출신의 일본인, 일본의 황국 신민으로 묘사해야 한다고도 기재하고 있다. 이를 통해서도 총동원 체제 시기 조선총독부 제작의 선전영화는 과거와는 달리 등장인물에게서 조선인으로서의 흔적을 지우는 방향으로 변화되었음을 알 수 있다. 이는 불과 10년 사이에 전쟁이라는 특수 상황에서 어쩔 수 없이 제국 권력이 조선인에 대한 태도를 바꾼 것을 의미한다. 그러나 이러한 태도 변화는 이전과는 달리 동원정책, 교육정책의 모순이 사라지고 더욱 완벽하게 된 것을 의미하지는 않는다. 급박한 상황에서야 조선인에 대한 태도를 급격히 바꾸었기 때문에, 일본인과의 차이가 삭제된 〈사랑의 맹서〉 같은 영화를 보는 조선인들이 오히려 그것에 거부감을 느낄 수밖에 없기 때문이다. 또한 〈사랑의 맹서〉를 보면서 1920~1930년대에 만들어진 교육영화 속의 식민지 권력의 모순성을 떠올릴 수 있으며 일

---

11 다카시 후지타니, 안진수 역, 「식민지시대 말기 '조선' 영화의 휴머니즘, 보편주의 그리고 인종차별주의－아마이 타다시의 경우를 중심으로」, 『한국영화의 미학과 역사적 상상력』, 소도, 2006, 208~211면.

관되지 않은 식민지 동원정책의 불안전성을 직감할 수도 있었을 것이다.

3. 배급 조직과 상영환경

교육영화에 구현된 가상 세계를 실감하게 하여 교화, 선전의 효과를 높이기 위해서는 영화를 잘 만드는 것도 중요하겠지만 제국 일본의 사례에서도 보았듯이 교육자가 교육 목적에 맞는 영화를 선택할 수 있고 관객이 집중해 영화를 관람하게 할 수 있는 상영환경을 갖추는 것도 필요하다.

식민지 조선에서는 교육영화 수장고와 그것의 전국적 배급을 수행할 교육영화 라이브러리, 지역 단위 배급·상영 조직이 설립되지 않아 1934년 이전까지 각급 학교가 일본의 교육영화 라이브러리나 일본의 교육영화 민간 제작사, 일본의 교육 배급 단체 등과 직접 교섭해 교육영화를 구입하거나 대출받아야 했다.[12] 당시 부산의 한 소학교는 오사카마이니치신문 라이브러리에서 교육영화를 대출하였다고 한다.[13] 이는 신청에서 배송, 상영까지 많은 시간이 소요되게 했으며 많은 배송료가 지출되게 하는 것이었다.

---

12 大石運平, 앞의 글, 61면; 毛利元良, 「映画教育に就いて」, 『朝鮮の教育研究』 1933-3, 朝鮮初等教育研究会, 1933, 27면.

13 堀内辛, 「釜山教育の将来」, 『朝鮮及び満州』 1940-8, 朝鮮及満州社, 1940, 21면.

이러한 상황에서 1934년 각급 학교에서의 교육영화 상영을 지원하기 위해 총독부 산하 조선교육회 주도로 조선교육영화연맹이라는 교육영화 배급단체가 설립되었다. 교육영화연맹은 일본 교육영화 라이브러리나 일본 교육영화 제작회사로부터 영화를 배급받아 조선 각 학교에 영화를 배포하는 역할을 했다. 이는 조선의 각 학교가 일본과 직접 교섭하지 않고도 영화를 배급받을 수 있게 한 것이다. 연맹 설립 이후 각 학교는 직접 일본에서 교육영화를 대출받는 번거로움을 겪지 않아도 되었으며 대여에 소요되는 비용을 줄일 수 있었다. 그러나 교육영화연맹은 모든 지방 시군 단위까지 설립된 것은 아니었다. 1942년에도 연맹은 경성과 부산에만 설립되었을 뿐이었다. 조선보다 영토가 작았던 대만에서도 여섯 개의 교육영화연맹이 만들어졌고[14] 일본에서는 현縣을 단위로 하여 수많은 교육영화연맹이 설립되었다는 것과 비교해보면 조선에서의 그 수는 매우 적었음을 알 수 있다. 연맹 설립 후에도 조선에는 별도의 교육영화 라이브러리는 설립되지 않고 일본의 교육영화 라이브러리에서 교육영화를 대출하여야 했다. 이는 조선교육영화연맹이 일본 현단위 교육영화연맹과 동급으로 일본 교육영화 라이브러리 아래에 속해 있는 형상이었음을 알 수 있다. 이러한 상황에서 교육영화 배급·상영에는 한계가 따를 수밖에 없었다.

각 학교에서 영화를 배급받기 위해서는 연맹에 가입해야 하

---

14 全日本映画教育研究会,『映画教育講座』, 四海書房, 1942, 266면.

고, 가입 후에는 별도의 회비를 납입해야 했다. 당시 연회비는 소학교가 70원, 중학교가 90원이었다. 필름의 국내 배송료도 영화를 대출받은 학교가 따로 부담해야 했다. 1937년까지 가맹 학교 수는 조선 전체에서 소학교 98개교, 중학교 30개교에 불과했다.[15] 1937년 전국 국공립학교 수가 2,500여 학교임을 감안하면[16] 가입 학교 수는 매우 적었다고 할 수 있다. 이렇게 가입 학교 수가 적은 것은 금전적 부담 때문이었다고 여겨진다. 1935년 공립 보통학교에서 급여 지출과 학교 시설 유지비 등을 제외하고 비품 구입 등에 사용할 수 있는 예산으로 책정된 금액은 연간 500원 정도에 불과했기 때문에[17] 연회비 70, 90원과 추가 배송료는 적은 금액이라고는 할 수 없다. 가입 학교가 적었기 때문에 연맹은 원활하게 운영되지 않았으며 영화도 제대로 배급하지 못했다. 실제로 1937년 9월에는 영화 배급이 일시 중단되기까지 했다.[18]

식민지 조선에서 총독부 등에 의해 교육영화가 제작된 경우도 있었지만 제작 편수는 많지 않았다. 조선에서 교육영화 제작을 촉구하는 기사,[19] 교육영화 제작소 설립을 촉구하는 기사,[20] 조선에

15 이상 조선교육영화연맹에 관한 내용은 「朝鮮教育映畫聯盟設立の趣意」, 『文教の朝鮮』 1937-4, 朝鮮教育会, 1937, 158~162면; 「朝鮮教育映畫聯盟の結成」, 『文教の朝鮮』 1937-7, 朝鮮教育会, 1937, 79면; 「朝鮮教育映畫聯盟通信」, 『文教の朝鮮』 1937-9, 朝鮮教育会, 1937, 132면; 「朝鮮教育映畫聯盟規約」, 『文教の朝鮮』 1940-1, 朝鮮教育会, 1940, 158~160면을 참고했다.

16 오성철, 앞의 책, 105면 〈表3-1〉을 참고.

17 위의 책 참고.

18 「教化と映画政策」, 『警務彙報』 390, 朝鮮印刷, 1938, 11면.

서 상영되는 교육영화의 대부분이 일본에서 제작되었다는 기사[21] 등을 통해서도 이를 알 수 있다. 조선과 일본이 처한 상황이 다르고, 학생들의 영화 경험의 차이도 있기 때문에 식민지 조선의 학생이 일본에서 제작된 영화를 감상하는 것은 교화, 선전의 효과를 저하시키는 것이었다.

교육 당국은 영화 상영을 위한 최소한의 장비로 암실 장치, 스크린, 영사기, 발전기를 꼽았다.[22] 그러나 1933년의 발전기 가격은 300원이었고 1937년의 영사기의 가격은 260원이었다.[23] 앞서 언급한 공립 보통학교의 예산 한도를 생각하면 적잖은 액수였다. 교육영화 상영을 위한 영사기 등의 구입에 400원 정도가 요구되지만 총독부의 조선교육회에서도 당시 학교의 재원으로는 그것이 어렵다고 판단했다.[24] 이러한 상황에서 1939년까지 전체의 7%에 해당하는 학교만이 영사기를 구비하는 것에 그쳤다.[25]

『매일신보』 1943년 9월 17일 기사에서 경기도는 1943년에도

---

19 「映画教育管見」, 『朝鮮の教育研究』 1936-12, 朝鮮初等教育研究会, 1936, 1면.

20 「사회교육의 진작과 신방안」, 『동아일보』, 1936.1.3, 9면.

21 須田静夫, 「児童映画について」, 『文教の朝鮮』 1941-10, 朝鮮初等教育研究会, 1940, 65면.

22 大石運平, 앞의 글, 61면; 朝鮮教育会, 「朝鮮教育映畵聯盟の結成」, 『文教の朝鮮』 1937-7, 朝鮮初等教育研究会, 1937, 79면.

23 발전기 가격은 毛利元良 앞의 글, 28면을 참고했고 영사기 가격은 「상주조룡연씨 미거」, 『동아일보』, 1937.7.9, 4면을 참고했다.

24 朝鮮教育会, 앞의 글, 79면.

25 原高千代, 「'授業料'の映画化と児童映画」, 『朝鮮の教育研究』, 朝鮮教育会, 1937, 49면.

영사기를 갖춘 학교가 별로 없었기 때문에 일과 후 학교 외부의 영화관, 공회당 등에서 특정일에 한해 학생들이 교육영화를 관람하게 했음을 언급하고 있다. 『동아일보』 1938년 11월 18일 기사에 의하면, 충북 단양지역에서는 조선교육영화연맹으로부터 영화를 배급받아 공회당에서 교육영화를 상영했고 한다. 영화관이나 공회당을 빌려 상영하는 것은, 교실에서 상영되는 것보다 학생에 대한 통제가 어려울 수밖에 없다. 당시 경성대학 교수인 카라시마 다케시辛島驍는 영화관이 있는 지역에서는 그나마 영화관에서 교육영화를 상영하는 것이 가능하기라도 했지만, 조선에서는 영화관, 공회당이 없는 지역이 대부분이고 그러한 지역에서는 순회영사에 의존할 수밖에 없다고 언급했다.[26] 순회 상영장은 대체적으로 야외이기 때문에 상영환경이 영화관, 공회당보다 더 열악했고 상영 영화는 교사가 아닌 순회영사 주체가 결정하기 때문에 각급 학교의 교육 의도에 맞는 영화도 상영할 수 없었다. 『매일신보』 1943년 8월 17일 기사에 의하면 교육영화 순회 상영회임에도 불구하고 교육 의도에 맞지 않는 영화가 상영되는 경우도 많았다고 한다.

학교가 영사 시설을 구비했다고 해도 조선의 학교에 보급된 영사기는 저가형 모델이었기 때문에 불완전한 것이었다. 각 학교의 전력 수급도 원활하지 않아 배터리를 사용하는 영사기가 대부분이어서 광력이 아주 약했다. 또한 이미 식민지 조선의 영화관에도

26 辛島驍, 「映画教育の施設の急げ」, 『朝鮮及満州』 1940-8, 朝鮮及満州社, 1940, 21면.

사운드영화가 도입된 후 10년이 지난 1941년의 시점에서도, 학교에 비치된 영사기는 무성 영화용이었다. 상영된 필름도 질이 좋지 않은 경우가 많았다.[27] 이러한 상황에서 당시의 기사에서는 조선의 학교에서 영화 상영 장비는 "골동품화"되었다거나, "표준 이하"라고 표현하기도 했다. 암실 장치는 따로 갖추지 못했고 창문에 커튼 혹은 검은 종이를 붙이는 정도였다. 스크린은 흰 천 혹은 흰 벽으로 대체되는 경우가 많았다.[28] 따라서 교육영화 상영 시 학생들은 영화에 최적화되지 않은 스크린을 통해서 작고 희미한 영상을 보았을 것으로 보인다.

게다가 교사는 영사기 조작에 익숙하지 않았다.[29] 따라서 영화 상영이 중단되는 경우도 많았을 것이다. 그럼에도 교사를 대상으로 영사기 취급 방법을 교육하는 강습회는 별도로 개최되지 않았다. 영화 상영 중에도 갑자기 교사가 학생에게 별도의 설명을 행하는 경우도 많았다. 설명을 위해 교사는 상영 전에 먼저 영화를 감상하고 어떤 설명을 해야 하는지 연구해야 했다. 예를 들면 컷이 많은 영화는 학생들이 이해하기 어려워서 교사는 상영 전 영화의 개요를 설명해야 했다. 클로즈업 장면에서는 학생들은 그것이 무엇인지 알지 못하는 경우가 많아 그것에 대해 설명할 필요도 있었다고 한다. 또한 전체적 맥락과 상관없이 우스꽝스러운 장면 등에

27 毛利元良, 앞의 글, 30면; 辛島驍, 위의 글, 22면; 須田靜夫, 「映畵教育についての考察」, 『文教の朝鮮』 1941-8, 朝鮮初等教育研究会, 1941, 50면.

28 須田靜夫, 위의 글, 50면.

29 大石運平, 앞의 글, 61면; 朝鮮教育会, 앞의 글, 79면.

관심을 빼앗기지 않게 하기 위해 상영 도중에 지속적으로 주의를 주어야 하는 경우도 많았다. 외국의 지리나 풍경에 관한 영화가 상영될 때는 그 나라의 풍속, 관습, 지리, 역사 등을 부가적으로 설명하기도 했다.[30] 이런 교사의 개입, 설명은 조선인 학생의 영화 이해도가 낮기 때문에 불가피한 것이었지만 관객인 학생이 영화 속의 가상 세계를 실감하며 영화에 몰입하는 것을 방해하는 요인으로 작용할 수밖에 없다.

열악한 배급 조직·상영 시설 등의 문제로 카라시마 다케시는 교육영화연맹의 교육영화 상영 기획은 훌륭했지만 실제 교육영화의 상영은 실패라고 간주했다.[31] 경성사범학교의 한 교사도 영사기와 암실 장치 미비, 필름 수급의 어려움 때문에 조선 교육영화의 상영은 부진한 상황이라고 언급했다.[32] 교육영화 상영에 직접 책임이 있었던 조선총독부 학무국에서조차 소장영화·영화 제작·설비·인력·경비의 부족 때문에 조선의 교육영화 상영은 아직 미숙한 상황에서 벗어나지 못했다고 판단했다.[33] 이 발언들을 종합해 보더라도 식민지의 열악한 상황 때문에 조선에서 교육영화는 원활히 상영되지 못했음을 알 수 있다.

---

30 大石運平, 앞의 글, 59면.

31 辛島驍, 앞의 글, 21~24면.

32 原高千代, 앞의 글, 49면.

33 朝鮮総督府学部局社会教育課, 『朝鮮社会教化要覧』, 朝鮮総督府学部局, 1938, 92~93면.

4. 관객의 관람 양상

조선에서 제작된 모순적인 내용의 교육영화, 조선의 상황에 맞지 않는 일본에서 수입된 교육영화, 열악한 상영환경과 관람 도중 교사의 설명을 통한 개입은 관객인 아동이 영화에 집중해 영화 속에 구현되고 있는 가상 세계를 실감하기 어렵게 했다. 이는 교육영화 상영을 통한 교화, 선전의 효과를 반감시키는 것일 수밖에 없다. 이와 더불어 관객인 아동의 영화 자체에 대한 이해도도 낮았다. 이에 1938년 총독부의 조사에서는 조선에서 교육영화를 포함해 비상업영화 상영 시 주의해야 할 점으로 일본 관객들과 조선의 관객은 다르기 때문에 스토리는 매우 간단한 것으로 하고, 복잡한 촬영법을 사용한 영화는 효과가 없다고 설명하고 있다.[34] 앞서 언급했지만 식민지 조선에서는 일본의 교육영화를 상영하기보다는 조선에서 직접 제작한 영화를 상영해야 한다는 논의가 있었는데 이는 이미 영화가 대중화된 일본의 학생 눈높이에서 제작된 교육영화를 무리 없이 감상할 만큼 조선인 학생의 영화 이해도가 높지 않았던 상황에서도 기인한 것이었다. 아동의 영화 관람 중에 교사가 설명을 해야 하는 것도 조선인 아동은 영화 경험이 별로 없고 영화의 이해도가 낮았기 때문이었다.

상영환경이 열악하고 아동의 영화 이해도가 낮은 상황에서, 아

34 津村勇, 「文化映画の展望」, 『朝鮮』 273, 1938, 朝鮮総督府, 151면.

동은 영화가 기본적으로 말하고자 하는 바를 이해하지 못하여, 영화의 전체적 맥락을 고려하지 않고 스크린에 보여지고 있는 일부 이미지만 자신의 경험과 관련시켜 생각할 가능성도 컸다고 할 수 있다. 아동은 앞에 언급한 〈농촌행진곡〉, 〈해수를 가는 자〉 같은 긴장감을 유발해 영화 속 가상 세계에 빠져들게 하는 극영화를 보면서도 영화내용을 제대로 이해하지 못한 채 일본인과 대비되는 초라한 조선인의 외모나 일본인에 순종해야만 하는 조선인의 위치 등 몇 가지 이미지만 선택해 받아들여 비참한 조선의 현실을 다시 상기했을지도 모른다.

앞에서 언급했지만 학교는 상영 장비를 제대로 갖추지 못했기 때문에 교육영화가 학교 이외의 영화관, 공회당 등에서 상영된 경우가 많았다. 『동아일보』 1938년 11월 18일 기사에 의하면, 단양에서는 공회당에서 교육영화가 상영되었고 이때 학생과 시민들이 함께 교육영화를 관람했다고 한다. 학교가 아닌 공회당에서 상영되었기 때문에 상업영화 대신 교육영화가 상영된 것을 제외하면 단양에서의 교육영화 상영장은 일반 상업영화관의 관람 조건과 유사했다고 할 수 있다. 학교 외부의 공간에서 일과 후에 학생과 시민이 함께 영화를 관람하는 상황에서 교사는 학생을 통제하기 어려울 수밖에 없을 것이다. 이러한 상황에서 학생은 당시 조선의 영화관에서처럼 교육영화 상영 중에도 어둠에서 서로 접촉하고 자유로운 행동을 할 수 있을 것이며 상영 후에는 교육적 의도와는 달리 자유로운 해석을 할 가능성도 높았다고 할 수 있다.[35]

1940년 경성의 경기 중학교는 리펜슈탈 감독의 〈민족의 제전〉을 교육영화로서 대형 신축 영화관인 코가네자黄金座에서 학생들이 단체 관람하게 했다. 경성 지방법원은 민족독립운동을 계획한 한 조선인 학생을 심문하는 과정에서 이 조선인 학생이 이 때 코가네자에서 본 영화 속 손기정이 일본 국적으로 올림픽 마라톤에서 우승한 장면을 보면서 아쉬워하다가 조선 독립의 필요성을 통감하고 영화가 끝난 직후 다른 조선인 학생과 손기정의 국적과 조선 독립의 필요성에 대해 이야기를 나누었다고 기록하고 있다. 영화에 대한 이러한 해석은 기본적으로 민족 차별 상황과 식민지 권력의 모순적 정책에서 온 것이라고 할 수 있다. 그러나 학교의 수업시간에 영화가 상영되었다면 제국 일본에서처럼 상영 후 해석에 대한 교사의 지도, 상영 중 엄격한 통제가 가능했기 때문에 최소한 영화 관람 직후, 조선인 학생들이 조선 독립에 대한 대화를 나누는 것을 방지할 수는 있었을 것이다.[36]

『동아일보』 1932년 11월 1일의 기사에 의하면, 홍천에서는 교육영화연맹에 의해 교육영화 순회 상영회가 개최되었다. 이때 학생뿐만 아니라 일반 시민이 뒤섞여 관람했다. 순회 영사회 주최자인 교육영화연맹이 예고도 없이 입장료를 요구하여 관객의 비난이 쇄도해 영화 상영이 도중 중단되었다고 한다. 『동아일보』 1937

35 당시 영화관 관객의 자유롭고 산만한 관람 양상에 관한 자세한 내용은 정충실, 앞의 책, 150~176·186~205면 참조.

36 국사편찬위원회, 「大山祥奎 신문조서(제三회)」, 『한민족독립운동사자료집』 67, 국사편찬위원회, 2004.

년 9월 28일 기사에 따르면 경북도청에 의해 예천군의 한 학교 운동장에서 교육영화가 상영되었다. 주변 마을의 주민까지 몰려들어 관객은 만 명을 넘어섰다고 기록하고 있다. 시설이 열악한 순회영화 상영장에서 만 명이 모인 가운데 관객들은 영화를 제대로 감상하기 어려웠을 것이다. 그럼에도 불구하고 영화 상영이 지속되었다는 것은 관객이 영화에 집중하여 영화 속 가상 세계를 실감하면서 영화를 본 것이 아니라 단지 영상을 만들어내는 영사기술을 신기해 하며 그것에 매료되어 영화를 보았다는 것을 알 수 있게 한다. 홍천, 예천 사례는 영화관조차 없는 농촌지역의 야외 상영을 보여주는 것으로, 상영, 관람 조건은 경성 등 도시 영화관에서의 교육영화 상영환경보다 훨씬 열악했다고 보여진다. 따라서 이 지역에서는 교육영화 상영의 교화, 교육의 효과가 더욱 낮았을 것이다.

당시 한 기사는 학교에서 영화 상영이 "생각대로 되지 못하는 현실"에서는 학생의 교육영화 관람을 금지하는 것이 오히려 나을지도 모른다고 언급하기도 했다.[37] 여기서 "생각대로 되지 못하는 현실"이라는 것은 단순히 설비의 미비로 교육영화 상영이 제대로 되지 않는 것을 의미하는 것일 수도 있지만 한편으로는 영화 상영을 통해서, 교육 당국과 학교가 의도한 것과 다른 방향으로 학생들이 영화를 해석하고, 관람 공간에서 학생들이 자유를 감각하여 통제할 수 없는 상황을 의미하는 것일 수도 있다.

---

37 「活動寫眞と兒童教育」, 『朝鮮思想通信』 24, 朝鮮新聞社, 1928, 4쪽.

상영, 관람환경을 갖추지 못하고 교육영화 상영의 효과가 별달리 없으며 때로는 역효과까지 낳는 상황에서도 별도의 보완 없이 1940년대까지도 교육영화 상영은 전면적으로 중단되지 않고 지속되었다. 이것은 능력, 가용자원의 부재에도 불구하고 영화가 선전효과가 높다는 이유 때문에 몇 번의 영화 상영으로 많은 것을 손쉽게 얻으려한 식민지 권력의 과욕 때문일 것이다.

5. 일본 교육영화 상영 양상과의 비교

일본과 식민지 조선에서의 교육영화 상영 목적은 학생에 대한 선전·교화라는 측면에서 동일했다. 일본과 식민지 조선 교육영화는 주인공 아동의 근면한 노동을 강조하고 있다는 점도 같다. 그러나 일본 교육영화에서 주인공 아동은 온전한 부모, 기성세대와 협력해 문제를 해결하는 등 공동체의 주체적이고 동등한 일원으로서 다른 성원과 별다른 차이가 없는 것으로 그려지고 있다. 오사와 죠大澤浄의 연구는 〈토라창의 일기とらちゃんの日記〉, 〈즐거운 칸페이 군楽しいカンペイ君〉 이라는 아동을 주인공으로 한 영화를 다루었는데 이들 영화에서도 균열, 차이가 없는 동질적인 공동체가 강조되고 있다고 설명하고 있다.[38] 조선의 교육영화에서는 동원과 차별을 동시에 원하는 제국의 모순적 욕망으로 인해, 조선인 아동은 무능한 조선인 부모를 대신하여 시혜를 베풀 수 있는 일본인의 아래,

일본인과는 다른 존재로 그려졌다. 일본 교육영화와는 달리 영화 속 주인공인 조선인 아동을 차이 없는 우리로 설정하고 있지 않는다는 점에서, 식민지 조선인 관객이 교육영화 속 가상 세계에서 어떠한 모순도 느끼지 않고 이를 중립적이고 실제적인 것으로 감각하기에는 한계가 있을 수밖에 없었다. 따라서 일본의 것에 비해 조선의 교육영화를 통해서는 높은 교화, 동원의 효과를 기대하기 힘들다고 할 수 있다.

일본의 교육영화는 농촌을 온정이 있는 공간이면서도 나태함, 무질서가 존재하는 공간으로 묘사하고 도시는 냉정하고 범죄가 발생하지만 효율적이고 근면한 노동이 존재하는 공간으로 그리고 있다. 한쪽을 긍정, 부정의 측면으로만 그리지 않고, 현실을 어느 정도 반영하여 각각의 장점을 취해야 한다는 식으로 이야기를 전개하고 있다. 반면 식민지 조선의 교육영화는 농촌을 긍정적인 것으로 도시를 부정적인 것으로만 묘사했는데 당시 조선의 상황을 전혀 반영하지 못한 것이었다. 이는 당시 식민지 조선인의 불만이 고조된 상황에서 피폐한 농촌을 유토피아로 포장해 조선인의 불만을 누그러뜨리고 조선을 원재료 공급지로 고착화하려는 식민지 권력의 의도가 성급하고 일방적으로 구현된 것이라고 할 수 있다. 일본에 비해 식민지 조선의 교육영화가 현실과 동떨어진 내용의 것이었다는 것도 교육영화 상영을 통한 교화, 선전의 효과를 반감

---

38 大澤浄,「戦前期における子どもの表象の探究」,『スクリーンの中の他者』, 岩波書店, 2010.

시키는 것으로 작용했을 것이다.

상영, 관람환경 측면에서 일본은 영화 수장고와 배급기관 역할을 하는 교육영화 라이브러리를 설립하고 그 아래 각 현縣지역을 단위로 한 교육영화연맹을 설립해 촘촘한 배급, 상영망을 갖추었으며 교육영화에 대한 연구 조직도 별도로 설립했다. 반면 식민지 조선에는 교육영화 라이브러리는 만들어지지 않아 일본 교육영화 라이브러리 아래 조선의 교육영화연맹이 속하는 형태가 되어야 했다. 조선의 교육영화연맹은 일본의 현 단위 교육영화연맹과 동급의 조직에 불과했지만 단 2개만이 존재할 뿐이었는데 이 2개의 연맹이 조선 전체를 포괄해야 했다. 이러한 상황에서 상영, 배급이 원활하게 이루어지기 어려웠다. 또한 조선에서는 일본과 달리 조선의 실정에 맞는 영화를 제작하기 위한 교육영화 제작사도 설립되지 않았다. 1938년 도쿄에서는 60%를 상회하는 학교가 영사기를 갖추었고, 영사기를 갖추기 힘든 농촌지역의 학교를 위해서는 현청 등의 관청에서 영사기를 갖추고 언제든지 이를 학교에 대여해 주는 시스템을 갖추었지만[39] 조선에서는 재원부족으로 극소수의 학교만이 영사기 등의 장치를 구비할 수 있었다.

일본의 경우 학교 교실, 강당에서 일과 중 수업의 일환으로 교육영화가 상영되어 교사들은 영화 상영시 학생들을 잘 통제할 수

---

39 野崎泰秀, 「付録－東京市小学校映画教育状況」, 『新講映画教育』, 培風館, 1938; 文部省社会教育局, 『教育映画研究資料－都府県市町村及び学校における映画普及状況』, 文部省, 1942, 23~26면.

있었지만 식민지 조선에서는 교육영화가 학교가 아닌 상업영화관, 야외에서 밤늦게 상영되는 경우가 많아 교육영화 상영시 학생에 대한 통제가 어려웠다. 일본에서는 학생들의 영화 집중을 보장하고 교화, 교육효과의 강화를 위해 교사에 의한 영화 설명을 금지했는데 식민지 조선에서는 이것을 허용했다. 이는 조선인 아동의 영화 이해도가 낮았기 때문에 불가피하게 행해지는 것이었다. 일본에서 이것이 금지된 것은 교사의 설명이 아동의 영화 속 가상 세계로의 통합을 방해하는 요소이기 때문이었다는 점에서 조선에서 상영 중 교사의 설명은 아동의 영화 속 가상 세계로의 통합을 방해하는 요소로 작용했을 것이다. 일본에서는 교육영화 상영을 담당한 교사를 상대로 한 영화교육 강습회가 자주 개최되었지만 조선에서는 영사기 조작이 미숙한 교사를 상대로 한 강습회는 실시되지 않았는데 이 점도 조선에서 순조로운 영화 상영을 어렵게 했다.

이에 조선의 교육영화 상영장에서 학생들은 일본 교육영화 상영장의 학생들처럼 조용히 주시하여 영화를 관람하는 것이 아니라 산만하게 다양한 행동을 하면서 영화를 관람했을 가능성이 크다. 영화 경험이 없는 식민지 조선 농촌의 학생들은 산만하게 영화를 관람하는 것을 넘어 영사기술을 신기해하며 그것에 매혹된 채 스크린의 영상을 바라보았을 것이다.

앞서 살펴보았듯 일본에서는 도쿄, 히로시마 등에서 아동이 교육영화를 교육자의 의도대로 제대로 이해했는가에 대한 조사를 행했는데, 그 조사에서는 공통적으로 학생들의 교육영화 이해도가 양호했다고 기록하고 있어 교육영화 상영으로 인한 효과가 어느 정도 있었다고 볼 수 있다. 상영환경이 잘 갖추어져 있고 이미 일본은 영화가 대중화되어 학생들의 영화 이해도가 상당했던 것이 교육영화 상영으로 인한 선전효과가 높았던 이유일 것이다. 반면 상영, 관람환경이 일본에 비해 열악하여 관객의 영화로의 집중이 어려우며 아동의 영화 이해도마저 낮은 조선에서는 교육영화 상영을 통해 식민지 권력이 의도한 바의 효과를 거두기는 어려웠을 것이다.

6. 교육영화 상영을 통해 본 식민지 권력

한국에서 식민지 권력과 식민지민의 관계에 대한 대표적인 연구인 윤해동[40]과 김진균·정근식[41]의 연구는 기존의 역사학이 모든 것을 민족의 문제로 치환하며 당시 사회를 억압적인 일제와 이에 격렬히 저항하는 식민지민의 이항대립 구조로만 파악하여 역사를 추상화한다고 비판하여 이 이항대립 구도를 뛰어넘으려 했다. 한편 윤해동, 김진균·정근식의 연구는 식민지 권력과 그것의 동원정책을 모순, 균열이 없는 완벽한 것으로 전제하고 있다는 것에서도 공통된다. 윤해동은 공공 영역에서 일제에 대한 식민지민

40 윤해동, 『식민지의 회색지대』, 역사비평사, 2002.

41 김진균·정근식, 『근대주체와 식민지 규율권력』, 문화과학사, 1997.

의 격렬한 저항보다는 소극적인 저항과 협력이 일반적이었다고 보는데 이는 일제의 동화시스템이 잘 갖추어져 있었다는 것에 중요한 원인이 있다고 보았다. 김진균·정근식은 식민지 사회를 푸코의 권력 개념으로 파악하여 식민지 권력은 무력만을 동원해 일방적으로 억압하는 것이 아니라 교육제도, 의료제도 등을 통해 촘촘한 감시와 훈육을 행할 수 있었고, 이를 통해 유순한 신체의 식민지인을 만들어 낼 수 있었다고 설명한다.

그러나 식민지 권력을 완벽한 것으로 보는 연구와는 달리 이 장에서는 식민지 권력은 교육영화 상영의 실행에 있어 무계획적이었고 조급했음을 검토하였다. 또한 교육영화에서 보여지는 동원과 차별화를 동시에 원하는 식민지 동화정책의 내용은 모순적이었다는 것을 살펴보았다. 식민지 권력의 모순성과 불완전성을 설명함으로써, 협력하는 식민지민, 유순하게 훈육된 식민지민이 아니라 그 불완전성과 모순성을 틈타 일상적이며 순간적인 저항을 행하는 식민지민을 설명할 여지가 마련된다고 할 수 있다.

제4장

프로키노영화 상영회와 그 아카이빙

아카이브 열병과 기억의 풍화

1. 프로키노와 아카이빙

일본 프롤레타리아영화동맹을 이르는 '프로키노'는 진보적 지식인과 노동운동가 등으로 구성되어 1920년대 말부터 1930년대 초반까지의 짧은 기간 동안 프롤레타리아영화를 제작하고 상영한 집단이다. 제국주의 일본의 탄압으로 장기간 활동하지는 못했으나 이들은 일본 곳곳을 순회하며 영화 상영회를 개최하였고, 이를 통해 많은 노동자와 농민들은 프로키노가 제작, 상영한 영화를 관람할 수 있었다.

짧은 활동 기간에도 불구하고 후대의 영화사 연구자들은 프로키노가 일본 제국주의에 대항하였으며 거대 자본의 힘을 빌리지 않고 프롤레타리아 사상을 담은 영화를 제작하고 전국적으로 상영회를 활발히 개최했다는 점을 높이 평가한다. 또한 프로키노의 영화 제작·상영운동은 일본의 상업영화산업과 일본 사회의 보수주의에 저항한 자주 제작·상영운동, 일본 다큐멘터리스트 유니언 NDU 활동 등 전후 저항영화운동, 노동영화운동의 선구이자 이것에

큰 영향을 끼친 사건으로 평가된다.[1]

프로키노에 대한 대표적인 연구로는 나미키 신사쿠並木晋作의 연구를 들 수 있다. 프로키노 조직 이전 프로키노 멤버의 행적, 그들의 영화 제작·상영 활동, 그들에 가해진 일본 당국의 폭력과 이에 대한 그들의 저항 양상을 서술하고 있다.[2] 이와는 측면을 달리해 저자의 연구는 프로키노 멤버가 아닌 영사회장의 관객에 주목하여 프로키노영화 상영회의 저항성은 프로키노 멤버와 그들이 제작한 영화만이 아니라 특별한 성격의 관객과 관람환경에서 기인하는 것이라 설명한다.[3]

이상의 연구가 1929~1934년 당시 상황에 주목하였다면 사토 요佐藤洋는 전후 프로키노영화가 보존되고 프로키노가 기억되는 방식에 대한 연구의 필요성을 제기한다.[4] 아메미야 코메이雨宮幸明는 1929년 프로키노 교토지부 제작의 〈야마센·와타마사 노농장山宣渡政労農葬〉 필름이 전후 세 가지 버전으로 존재해 소장되어 있는 것에 주목하여 그 차이는 당시 검열과 보존과정에서의 필름 손상에 의한 것임을 규명하였다.[5]

---

1 대표적으로 佐藤洋, 『日本労働映画の百年 — 映像記録にみる連帯のかたちと労働者福祉・共済活動への示唆』, 全学済協会, 2017, 3면; 山田和夫, 「プロキノの歴史に学ぶもの」, 『文化評論』 80, 日本共産党中央委員会, 1968, 111면.

2 並木晋作, 『日本プロレタリア映画同盟プロキノ全史』, 合同出版, 1986.

3 정충실, 「프로키노 영사회에서 저항적 영화보기」, 『동아시아 지식인의 대화』, 현실문화, 2018, 53~77면.

4 佐藤洋, 「プロキノ研究史がかかえる問題」, 『立命館言語文化研究』 22-3, 立命館言語文化研究所, 2011.

저자는 1929~1934년 프로키노 선전 활동과 관객의 관람 양상에 관한 연구를 이미 출판하였기에[6] 중복을 피하기 위해, 이 장에서는 당시 프로키노의 선전 활동과 관객의 관람 양상에 대해서는 간략하게 언급하고 대신 1980년대 본격적으로 행해진 프로키노에 대한 아카이빙 작업에 주목할 것이다. 1960년 이후 프로키노 멤버였던 이들과 진보적 영화평론가, 영화연구자들에 의해 그 활동이 조사되기 시작해 1979년에 프로키노 멤버로 활동했던 이들을 중심으로 '프로키노를 기록하는 모임プロキノを記録する会'이 발족한다. 이들은 1980년 공개 상영회 개최, 1981년 프로키노 기관지의 복각, 1986년 프로키노 전사全史의 발간, 1987년 프로키노영화에서 소실된 부분 복원 등 프로키노 아카이빙 작업을 1980년대에 본격적으로 행했다.[7]

데리다Jacques Derrida는 아카이브는 단순한 문서 보관소가 아니라 보관 문서를 해석할 수 있는 아르콩트의 공적 거주지이며 이에 아카이브는 사실을 보존하는 것이 아니라 사실을 생산하는 공간이라 보았다. 계속해서 그는 실제로는 복원 불가능한 사실을 복원하고자 하면서 아르콩트가 되고자 하는 욕망을 '아카이브 열병Archive Fever'이라 칭하고 이것이 아카이브를 가능하게 하는 추동 원리라고

5 雨宮幸明,「プロキノ映画『山宣渡政労農葬』フィルムヴァリエーションに関する考察」,『立命館言語文化研究』22-3, 立命館言語文化研究所, 2011.

6 프로키노 활동과 관객의 관람 양상에 관해서는 정충실, 앞의 글, 참고.

7 並木晋作, 앞의 책, 298면.

보았다.[8] 아카이브를 가능하게 하는 아카이브 열병으로 인해 아카이브는 권력작동의 공간이며 의미·지식 생산을 놓고 싸우는 전쟁터가 될 수밖에 없는 것이다. 이에 이 장에서는 전후 프로키노 아카이빙을 단순한 사실 복원과 보존 작업으로 보지 않고 권력 관계 속에서 지식을 생산하는 행위로 볼 것이다. 프로키노 아카이빙을 둘러싼 권력 관계와 지식 생산의 구체적인 양상을 더욱 잘 이해하기 위해 1980년을 전후한 시기 일본에서 제국주의와 노동의 역사에 대한 인식, 필름 아카이브 구축 상황도 알아볼 것이다.

2. 프로키노영화 상영회 상황

당시 프로키노는 영화를 프롤레타리아 사상의 표현 수단, 무산계급운동의 무기로 정의내렸는데[9] 이를 통해 프로키노 멤버들은 프롤레타리아 사상을 전하고 노동자들을 교화하고 선전할 목적으로 영화를 상영했음을 알 수 있다.

프로키노는 자본이나 인력의 부족에도 도쿄에 제작소를 만들어 프롤레타리아영화를 직접 제작했으며[10] 도쿄 이외의 지방에도 상

8 Jacques Derrida, "Archive Fever : A Freudian Impression", *Diacritics* 25-2, The Jhons Hopkins University Press, 1995, pp.17~22.

9 岩崎昶, 「プロキノの時代」, 『文化評論』 8, 新日本出版社, 1962, 73면; 「座談会ープロキノの活動」, 『現代と思想』 19, 青木書店, 1975, 96면.

10 並木晋作, 「プロレタリア映画の先輩たち」, 『昭和初期左翼映画雑誌別巻』, 戦旗

영·배급망을 만들기 위해 노력했다.[11] 그들은 노동자·농민을 더욱 가까이서 만나기 위해 일본 곳곳을 순회하여 공장, 운동장, 마당, 논밭 등의 야외에서 영화를 상영하였다.[12]

당시 일본의 영화관에 비한다면 프로키노 순회 상영장의 상영, 관람환경은 열악했다. 야외에서 상영되다 보니 더위, 추위, 주변의 빛과 소음으로부터 상영, 관람은 방해받을 수밖에 없었다. 좌석이 구비되지 않아 관객은 상영장을 자유롭게 배회하거나 이야기를 나누면서 영화를 볼 수도 있었으며, 야외 상영장에 엄청난 관객이 모여들 때는 스크린의 앞이 아닌 뒷면에서 영화를 보아야 하는 경우도 있었다.[13] 경찰의 방해 때문에 영화가 연속적으로 상영되지 못하고 도중 중지되기도 했다.[14]

상영된 영화 역시 기본적으로 일관된 내러티브를 구축하고 관객을 영화에 집중시켜 말하고자 하는 바를 명확하게 전달하는 것은 아니었다. 무엇보다 자본, 인력이 부족하여 제대로 된 촬영 장비와 촬영기술을 갖추지 못했기 때문이었다. 한 사람이 촬영해 별

復刊刊行会, 1981, 64면; 北川鉄夫, 「部落問題の内外」, 『部落問題と文芸』 5, 部落問題文芸作品研究会, 1992, 41면.

11 並木晋作, 앞의 책, 130~132면; 牧野守, 「『新興映画』『プロレタリア映画』『プロキノ』第二次『プロレタリア映画』および『映画クラブ』解説·解題」, 『昭和初期左翼映画雑誌別巻』, 戦旗復刊刊行会, 1981, 4면.

12 北川鉄夫, 『映画鑑賞読本』, 法律文化社, 1955, 113면.

13 山田三吉, 高週吉, 「新潟の農村から」, 『プロレタリア映画』 1931-1, 新鋭社, 1931, 70면.

14 並木晋作, 앞의 책, 87면.

다른 후반 작업도 하지 못한 채 하나의 영화로 완성하는 경우가 많아서[15] 대부분의 영화는 단순한 구성의 무성흑백기록영화였다. 일부는 내용을 전혀 이해할 수 없는 것이기도 했다. 프로키노의 의도와는 달리 상영장에서 영화 자체만을 통해 관객을 영화에 집중시켜 프롤레타리아의 사상을 선전하고 교육하기는 어려웠던 것이다.

반면 영화에 집중하기 어려운 상영·관람환경 속에서 노동자 관객은 프로키노의 영화 보기를 지루해하거나 포기하지는 않았다. 특별한 방식으로 영화를 즐기고 자신만의 방식으로 영화를 해석했다. 열악한 시설의 야외 상영장에서 영화가 상영되는 동안 산만하고 자유로운 분위기 속에서 관객은 끊임없이 대화를 나누었으며 영화 일부 장면에 대해 분노와 환호의 감정을 즉각적으로 표현하고 공유하기도 했다. 대화를 나누고 감정을 공유할 수 있었던 것은 관객이 같은 공장의 노동자, 같은 마을의 농민으로 구성되어 상호간 연대감을 지니고 있었기에 가능한 것이기도 했다. 자유롭게 감정을 표현하는 것을 넘어서 저항의 형태로 감정을 표출하기도 했는데 대표적으로 〈메이데이〉가 상영될 때는 일제히 메이데이가歌를 합창하였다.[16] 저항의 감정이 격화되어 합창 정도에 머물지 않고 저항 구호를 외치고 경찰의 부당한 상영 중지에 대해 집단 저

---

15 北川鉄夫, 앞의 글, 41면.

16 高週吉, 「洋モス二千の女工さんへ」, 『プロレタリア映画』 1930-11·12, 新鋭社, 42~43면; 志野藤三, 앞의 글, 67면.

항하기도 했다.[17]

프로키노영화 상영장에서 관객은 자유롭게 행동하고 저항의 감정을 분출하면서 일관된 네러티브를 구축하지 못한 프로키노의 영화를 저항영화로 해석하기도 하였다. 대표적으로 〈연돌옥 페로 煙突屋ペロー〉는 특별한 네러티브가 없는 영화이지만 관객은 주인공이 전쟁을 후회하는 한 장면 때문에 이 영화를 반전反戰영화로 해석하여 반전 슬로건을 외치고 노동가를 휘파람으로 부르기도 했다.[18]

프로키노영화 상영장에서 자유롭게 행동하고 저항감을 공유하며 영화를 자신들만의 방식으로 능동적으로 해석할 수 있었던 것은 프로키노영화가 관객을 영화에 집중시키고 영화 속 가상 세계에 통합하여 프로키노가 말하고자하는 바나 그들의 사상을 잘 전달했기 때문은 아니었다. 상업영화관과는 달리 산만한 관람환경으로 인해, 영화에 주시하는 것 이외 대화와 합창 등의 방식으로 감정을 공유할 수 있었던 상황 속에서, 관객은 같은 공장의 노동자, 노조원으로만 구성되어 관객 사이는 강한 연대감으로 결속되어 있었던 것이 관객으로 하여금 영화를 능동적으로 해석하고 영화 상영장에서 저항 행위를 할 수 있게 한 중요한 이유였다.

---

17 山田三吉,「プロキノ作品上映と検閲に就いて」,『プロレタリア映画』1930-8, 新鋭社, 60면.

18 禧美智章,「影絵アニメーション煙突屋ペローとプロキノ」,『立命館言語文化研究』22-3, 立命館言語文化研究所, 2011, 26면.

3. 프로키노 아카이빙의 시대적 배경

1) 혁신세력의 존재와 기억의 풍화

1945년의 패전 이후, 1990년까지 일본 사회에서는 침략전쟁을 부정하고 평화헌법 개정과 반공·친미를 주장하는 우익세력과 함께 제국주의 역사를 반성하고 공산주의를 포함한 모든 사상에 대한 자유를 옹호하며 비무장 상황을 견지해야 한다는 혁신세력이 공존하였다. 혁신세력의 사상과 그들의 평화주의 이념은 『중앙공론中央公論』, 『사상의 과학思想の科学』, 『세계世界』 등 자유주의 색채의 잡지를 통해 대중에게 전파되어 일본의 대중들은 그 사상과 이념을 폭넓게 내재화할 수도 있었다.[19] 냉전기 일본은 이웃한 한국, 대만과 비교해도 진보 이념과 사상을 널리 공유할 수 있었다. 이는 일본은 한국, 대만과는 달리 냉전의 최전선에서 한발 물러나 있어 비대한 정보기관 등이 국민의 사생활을 통제하고 사상의 자유를 침해할 필요가 없었던 것이 중요한 이유였다.[20]

1990년대 우경화 전까지 1980년대 일본 사회에서는 제국주의 역사를 반성하는 진보사상과 혁신세력이 폭넓게 존재할 수 있었지만, 한편 오구마 에이지小熊英二는 과거 침략전쟁과 제국주의

---

19 당시 일본의 상황에 관해서는 남기정, 「냉전 이데올로기의 구조화와 내셔널 아이덴티티의 형성의 상관관계－한일비교」, 『한국문화』 41, 규장각한국학연구원, 2008, 231~235면 참조.

20 마루카와 데쓰시, 장세진 역, 『냉전문화론－1945년 이후 일본의 영화와 문학은 냉전을 어떻게 기억하는가?』, 너머북스, 2010, 125면.

의 역사에서 저항이나 희생 등 감상적인 경험들만 남아 개개인의 고통은 사라져 버려 전시기를 경험하지 못한 후세대들에게 전쟁과 제국주의 역사가 제대로 전달되지 못했다고 지적한다. 그는 이러한 현상을 "기억의 풍화"라고 표현한다.[21] 단단한 물질만 바람과 물에 깎이지 않고 남아 있듯, 기억의 풍화라는 것은 일부의 기억만 지배적 위치를 차지하고 남아 다양한 기억이 교섭하고 상호보완하지 못하게 함으로써, 여러 존재, 감정, 경험 등이 배제되고 누락되는 것이라고 할 수 있다.

마르크시즘의 영향을 받은 진보적 연구자들에 의해 주로 수행되어 온 1980년대까지의 일본의 노동사 연구는 일본 자본주의 구조의 모순과 이로 인한 노동자 계급의 형성, 자본가와 노동자의 대립과 이에 대한 국가의 개입, 국가와 자본에 대한 노동자의 투쟁에 주목하였다. 일본 자본주의 구조의 모순, 자본·국가 대 노동자 사이의 이항대립, 노동자의 전복적 투쟁에 주목했기에 중공업 부분, 남성 노동자가 중심이 된 전국적 노동조합 연구가 주목되었다. 이에 대단위 중공업 사업장 노동자와는 다른 대표적으로, 탄광 노동자들 특유의 사회관계, 소규모 사업장의 여공, 재일조선인 노동자의 일상을 설명하지 못했다.[22] 일본 노동사 연구에서 자본·국가와

---

21 小熊英二,『民主と愛国ー戦後日本のナショナリズムと公共性』, 新曜社, 2002, 511·559~563면.

22 1980년대 일본노동사 연구의 경향에 관해서는 市原博,「労働史研究の現在ー1980~2000年(1) 戦前期日本の労働史研究」,『大原社会問題研究所雑誌』510, 大原社会問題研究所, 2001, 4면.

남성 노동자 사이 이항대립 속 노동자의 전복적 저항에만 주목하며 이를 낭만화하여 제국주의 시기의 개별 노동자의 일상과 고통을 후대에 전달하지 못하는 것 역시 기억의 풍화이다.

2) 영화필름 보존에 대한 관심 고조

1980년대 일본 사회에서는 다양한 영화 아카이브들이 정비, 설립되고 이에 대한 관심이 고조되기도 했다. 한편 필름 아키비스트 이시하라 카에石原香絵는 필름 아카이빙이 필요한 이유는 영화문화의 폭넓은 공유, 영화사 연구의 촉진을 위해서만이 아니라 영화는 과거 사람들의 외침, 속삭임, 감정, 시선 등 문헌으로는 말해 줄 수 없는 부분을 설명해 줄 수 있기 때문이라고 주장한다. 실제 1988년 교토에서 필름 아카이브 설립의 이유 중 하나는 교토의 과거 문화와 역사를 대중들에게 생생하게 전달하기 위함이었다.[23] 과거의 기억이 풍화되는 가운데서도 생생하고 완벽한 사실을 복원하고자 하는 욕구의 증대가 전후 일본 사회 필름 아카이빙 활성화의 주요한 이유였던 것이다.

일본에서는 1948년 국립국회도서관법에서 영화필름의 납입을 의무화했지만 1949년 부칙으로 영화필름을 납입 의무 대상에서 제외한다. 이는 질산염 필름의 화재 위험성, 패전 직후 부족

---

23 石原香絵, 「〈映画保存運動〉戦夜－日本において映画フィルム納入義務が免除されたとき」, 『GCAS REPORT』 3, 学習院大学大学院人文科学研究科, 2014, 26·32면.

한 재원과 보존기술, 제국주의 일본 정부의 영화 통제 경험으로 인한 영화인들의 국가 권력에 대한 불신 등이 이유였다.[24] 이에 일본의 국회도서관이나 국립공문서관 등 국립 아카이브기관은 영화필름을 제외한 문서자료를 중심으로 수집, 보관, 복원을 행했고 대신 1952년 문화청 관할의 독립행정법인인 국립미술관 5관 중 하나인 도쿄근대미술관 산하에 필름 라이브러리가 설치되어 이곳에서 필름 아카이빙이 행해졌다. 필름 라이브러리는 소규모 조직이었고 독립된 건물을 갖지 못하다 1970년에야 도쿄 필름센터로 개칭되어 독립된 건물을 사용하게 된다.

국가에 의해 필름 아카이브 사업이 강력하게 추진되지 못한 상황에서 당시 영화수입업에 종사하면서 일본 필름 라이브러리 조성협의회를 조직한 가와키타 카시코川喜多かしこ가 중심이 되어 필름보존운동이 전개된다. 1980년 이전에도 필름 라이브러리 조성협의회는 도쿄의 필름 라이브러리와 함께 기획전을 개최하고 미국 등지에서 일본 영화필름을 반환받았으며, 프로키노 아카이빙 작업에 직간접적으로 참여하기도 했던 영화평론가 사토 타다오佐藤忠男, 야마다 카즈오山田和夫, 도쿄대학 등과 함께 필름 보존의 중요성을 알리는 강연회를 개최하기도 하였다. 이 운동의 성과로 1986년에는 적정 온도와 습도를 유지하여 장기간 필름을 보존할 수 있게 하는 필름센터 분관의 필름전용수장고가 건설된다. 한편 필름

24 위의 글, 6·14면.

전용수장고 완공 전 1984년 필름센터 창고에 화재가 발생해 소장 중이던 일부 필름이 소실되었는데 이후 소실된 영화필름 구매를 위한 모금운동이 벌어져 목표액보다 7배 이상 금액의 모금을 이끌어내기도 했다. 이 모금운동은 영화보존운동과 함께 1980년대 일본 사회에서 필름 아카이빙에 대한 관심을 고조시키는 중요한 계기가 되었다.[25]

애초 일본은 필름납입 의무제 실시와 정부 조직 하의 대규모의 아카이브 설립 등을 통해 필름을 중앙 정부 차원에서 강력하게 수집하지 않았기에 영화 보존에 대한 관심이 고조된 속에서 각 지자체 주도로 필름전용수장고를 갖춘 필름 아카이브가 설치될 수 있었다. 지방자치단체 최초로 히로시마시는 1982년 히로시마 영상문화라이브러리를 개관해 필름, 비디오 테이프 등의 동영상 자료와 레코드, CD 등의 음악자료를 수집, 보관하기 시작했다. 1985년부터 히로시마시는 국제애니메이션 페스티벌과 연계해 수상작품을 보존에 힘쓰고 있고 상영회, 영화자료 전시회를 개최하고 있다. 교토시는 1970년대부터 필름 아카이브 건설을 계획하였는데 이 계획에서 야마다 카즈오는 도쿄와 교토로 영화유산을 분산해 보존해야함을 주장하였다. 교토시의 필름 아카이브 건설계획은 1988년 교토 문화박물관에 시대극을 중심으로 한 영화필름 전용수장고를 갖춘 아카이브 개관으로 비로소 실현되었고 이곳에서는

25 필름센터의 역사에 관해서는 위의 글, 6면; 石原香絵, 『日本におけるフイルムアーカイブ活動史』, 美学出版, 2018, 25·195~204·224~225면을 참고.

정기적으로 영화 상영회가 개최되어 왔다. 가와사키川崎시도 1980년 조직되어 개최된 '지방의 시대 영상제'를 계기로 필름전용수장고를 갖춘 가와사키시 시민뮤지엄을 1988년 개관했다. 가와사키시 시민뮤지엄은 가까운 도쿄에 필름센터가 있기에 소장 자료의 중복을 피하고 기관의 성격을 명확히 하기 위해 독립프로작품, 기록영화, 뉴스영화필름을 주로 소장하고 있다.[26]

4. 프로키노 아카이빙의 양상

1) 프로키노영화 상영과 자막의 삽입

1980년대 일본 사회에서는 제국주의 시기 대중의 죽음이나 노

26 위의 책, 218~221·230~233쪽; 矢澤利弘, 「地域活性化における映画資料館の役割」, 『地域活性研究』 10, 地域活性学会, 2019, 6~7면. 국가나 지방자치단체에 의해서만이 아니라 현재 일본에서는 고베영상자료관, 와세다대학 쓰보우치(坪内)박사기념 연극박물관, 기록영화보존센터 등 민간단체에 의해 다양한 성격의 영화 아카이브가 운영중이다. 2014년 상기의 아카이브는 교토 문화박물관과 함께 문화청의 지원 사업 대상자로 선정되기도 했다(石原香絵, 앞의 책, 336면; 矢澤利弘, 위의 글, 3~7면). 일본 정부는 단일한 국립 필름 아카이브에 재정지원을 집중하지 않고 여러 지역에 존재해 다양한 성격의 기관에 의해 운영되는 필름 아카이브가 활성화될 수 있도록 지원을 분산하고 있는 것이다. 이와 관련해 도쿄 필름센터 주임연구원을 역임한 오카다 히데노리는 영화사가 제작한 사적 생산물로서의 영화를 공중의 공유재산으로 다루기 위해서라도 도쿄 필름센터에 영화필름과 자료를 집중시키기보다는 각 지역의 다양한 성격의 아카이브를 충실히 운영하고 육성해야 한다고 지적한다(岡田秀則, 「未来からの想像力ーフィルムアーカイブの公共性をめぐって」, 『映像学』 104, 日本映像学会, 2020, 18면).

동자의 고통이 희생으로 찬미되거나 대단위 저항만 기억해 낭만화하는 등 기억이 풍화되는 가운데, 영화필름 보존의 필요성에 대한 인식이 강화되어 국가 주도가 아닌 다양한 주체들에 의해 필름 아카이브 설립이 진행되었다. 한편 진보사상도 널리 공유되었다. 이러한 시대적 배경에서 프로키노 멤버의 상당수가 사망한 가운데 제국주의 시기 활동했던 프로키노의 행적을 기억하고 보존할 목적으로 일본의 진보적 영화운동의 선구로 언급되어 온 프로키노의 영화필름 복원, 공개 작업도 진행될 수 있었다.

1955년 영화평론가인 이마무라 타이헤이今村太平, 구리하라 아키코栗原章子 등을 통해 프로키노 필름이 발굴된 직후, 영화관계자 대상으로 영사회를 개최했는데, 이것이 전후 최초의 프로키노 필름의 상영이라고 알려져 있다. 1970년대까지 기록영화연구회, 기록영화작가협의회 등을 대상으로 한 몇 차례의 소규모 영화 상영회가 개최되기도 했다.[27] 이후 프로키노를 기록하는 모임에 의해 영화 가장 앞부분에 영화에 대한 해설 자막이 추가되어 도쿄 시부야에 위치한 센다가야千駄ヶ谷구민회관에서 전후 최초로 일반대중을 대상으로 한 프로키노영화 상영회가 개최된다. 이때 상영된 영화의 목록은 다음과 같다.

첫 공개 영사회에서 상영된 프로키노영화

영화 제목	제작자 혹은 감독	제작 년도
야마모토 센지 고별식(山本宣治告別式)	프로키노 도쿄지부	1929

27 佐藤洋, 앞의 글, 101면.

영화 제목	제작자 혹은 감독	제작 년도
야마센·와타마사 노농장(山宣渡政労農葬)	프로키노 교토지부 제작	1929
제12회 도쿄 메이데이(第12回東京メ＿デ＿)	프로키노 도쿄지부 제작	1931
토지(土地)	고 슈키치(高周吉)	1931
스포츠(スポ＿ツ)	와세다대학 아트올리피아드실행위원회	1931
전선(全線)	후루카와 료(古川良)	1932

〈야마모토 센지 고별식〉은 러닝타임이 2분이고 다른 작품도 러닝타임 10분 내외로 모두 짧은 흑백 무성 기록영화이다. 프로키노를 기록하는 모임에 의한 공개 상영은 상당한 반향을 일으켜 프로키노영화는 1980년대 도쿄대학 문학회, 일본교직원조합 부인부 총회, 일본영화대학, 각종 영화서클 등에서 매달 상영되었고 〈야마센·와타마사 노농장〉, 〈제12회 도쿄 메이데이〉는 마이니치TV에서 방영되기도 했다. 시부야에서 처음 상영되어 해설 자막이 부가된 여섯 작품의 필름은 현재 앞서 언급한 가와사키시 시민뮤지엄에 소장되어 있다.[28]

〈야마모토 센지 고별식〉은 군중의 행렬을 앞, 뒤, 위에서 카메라를 고정시켜 놓거나 카메라가 군중을 따라가면서 혹은 행진 방향과는 반대로 이동하면서 촬영한 매우 짧은 영화이다. 다양한 위치에서 다양한 방식으로 촬영한 장면들을 빠르게 전환시켜 군중의 에너지를 잘 전달하고 있는 작품이라고 할 수 있다. 한편 영화 시작 전 추가된 전체자막에서 이 영화는 1929년 우익에 의해 살해된

28 雨宮幸明, 앞의 글, 112면; 並木晋作, 앞의 책, 298면.

노동농민당 교토지역구 중의원 야마모토 센지의 고별식을 프로키노 도쿄지부가 촬영한 것이라고 설명하고 있다.

〈야마센·와타마사 노동장〉에서는 광장에 모여 있거나 행진하는 군중들, 그들이 들고 있는 거대한 깃발을 비춘다. 하얀 상자를 들고 있는 사람이 등장하고 다시 집합하거나 이동하는 군중을 촬영한 장면들을 교차해 보여준다. 이후 절하여 예를 표하는 사람들과 도로의 한 라인을 가득 메운 택시의 행진을 비춘다. 마지막에 묘지와 어느 인물의 사진을 보여준 후 휘날리는 깃발을 클로즈업하는 장면으로 영화는 끝이 난다. 영화 시작 전 전체 자막으로는 살해되어 교토에서 고별식을 마친 야마모토 센지의 유해가 교토 생가로 보내졌으며 이때 야마모토 센지의 유해를 기다리는 많은 이들이 교토에 모여들었고 그들의 애도 속에 노농장으로 장례가 거행되었음이 설명된다. 도로 한 라인을 가득 메운 택시들의 행진은 운전 노동자들이 야마모토 센지의 죽음을 애도하는 의식이었다고 언급한다. 또한 와타마사는 일본의 사회주의 노동운동가인 와타나베 마사노스케渡辺政之輔를 지칭하는 것으로 자살한 그를 애도하기 위해 야마모토 센지를 지칭하는 야마센과 와타마사를 병합해 영화 제목을 결정했으며 이 영화는 야마센과 더불어 와타마사에 대한 애도 목적도 있다고 설명한다.

이상의 두 영화는 한 인물의 고별식과 장례식을 촬영하고 있지만 행진, 군집장면 등의 보이는 영상만으로는 영화가 말하고자 하는 바가 무엇인지 정확히 파악하기는 힘들다. 1980년의 관객들은 프로키노를 기록하는 모임 측이 덧붙인 영화 시작 전의 전체 자막을 통해서야 영화는 야마모토 센지의 죽음을 기리는 것을 목적으로 하며, 군중 행진과 도로 한 라인을 가득 매운 택시의 행렬은 야마모토 센지의 죽음에 대한 노동자들의 애도와 분노의 표현임을 인식할 수 있는 것이다.

〈토지〉는 땅에 무언가를 그리거나 글을 쓰는 사람들을 보여주다 돌연 제철소의 굴뚝을 비춘다. 이후 연설하는 사람과 이를 듣는 이의 모습을 보여준다. 어디론가 분주히 걸어가거나 뛰어가는 사람을 비추기도 한다. 중간 중간에는 포스터나 삐라 모습도 삽입되어 있다. 이후 밭에 팻말을 설치하는 사람과 이를 보고 어디론가 달려가는 아이가 촬영되어 있다. 나팔 부는 사람이 보인 이후 달려가는 사람들의 모습이 등장한다. 깃발과 농기구를 들고 행진하는 사람들이 비추어지고 공터에 집합한 사람들의 모습도 촬영되어 있다. 이후 제철소의 풍경과 트럭을 타고 어딘가로 향하는 경찰의 모습이 보이는 것으로 영화는 끝을 맺는다. 영화 시작 전 자막은 빈농의 지주에 대한 소작쟁의 촬영이 당시 프로키노의 중요한 과제였다고 설명하며 이 영화는 소작쟁의 과정을 촬영한 것임을 밝히고 있다. 이 영화 역시 내용이 명확하게 전달되지 않으며 프로키노를 기록하는 모임이 영화 시작 전 덧붙인 자막을 통해서야 영화의 내용을 어느 정도 파악할 수 있다. 일본의 영화평론가 사토 타다오 역시 〈토지〉는 검열 때문에 중요한 부분이 삭제되어서인지 영화의 내용을 정확히 파악할 수 없다고 언급하였다.[29]

〈제12회 도쿄 메이데이〉에서는 공장 굴뚝을 보여주는 첫 장면 이후 공장 벽에 붙여진 벽보가 보인다. 벽보를 보는 노동자와 어딘가로 모여드는 노동자의 모습을 차례로 비춘다. 이들 노동자를 수색하는 경찰을 촬영한 장면 이후 다시 모여드는 노동자의 모습을 보여준다. 노동자들의 행진 모습과 이에 환호를 보내는 사람들, 그리고 경찰의 모습과 모여 있는 거대한 군중의 모습을 차례로 비추어준다. 나부끼는 깃발과 연설하는 여러 노동자의 모습과 이를 지켜보는 군중의 모습을 보여준다. 노동자의 행진 장면이 이 영화의 마지막이다. 앞선 영화와 달리 별도의 설명이 없더라도 영화가 노동자들의 집회를 주된 내용으로 하고 있음을 알 수 있다. 프로키노를 기록하는 모임은 1980년의 상영에서 영화 시작 전 전체자막으로 프로키노는 메이데이 행사를 매년 촬영했고 이 영화는 그 중 유일하게 남아있는 것임을 알리고 있다.

〈전선〉에서는 경찰의 모습을 비춘 후 만원 버스와 혼잡한 전차를 보여준다. 이후 일을 마치고 땀을 훔치는 버스 기사의 모습과 식사하는 여성 노동자의 모습을 비춘다. 연설하는 노동자와 이를 듣고 박수치는 노동자들과 경찰에 연행되는 노동자를 비추기도 한다. 영화는 달리는 버스와 전차를 담은 장면 이후 달리는 전차에서 선로를 촬영한 장면으로 끝을 맺는다. 별도의 설명이 없더라도 관객은 이 영화는 노동자들의 열악한 노동환경과 그들의 투쟁, 노

29 佐藤忠男, 「激しく燃えた自主映画運動ープロキノの発掘と保存」, 『月刊総評』 284, 日本労働組合総評議会, 1981, 91면.

동자에 대한 경찰의 탄압을 그리고 있음을 알 수 있다. 영화 시작 전 자막은 프로키노가 뉴스부를 설치해 노동자의 파업을 촬영했다고 하면서, 이 영화도 전철, 버스 노동자의 쟁의를 촬영한 후 약간의 요소를 추가해 재구성하여 완성한 것이라고 설명하고 있다.

5편의 영화 중 먼저 언급한 3편은 자막을 통한 추가적인 설명이 없다면 영화가 말하고자 하는 바가 정확히 무엇인지 알기 어려운 것들이다. 프로키노는 자금, 설비, 전문 인력이 극히 부족하여 농촌, 공장 주위를 하루 만에 급하게 촬영하고 별다른 후반작업 없이 영화를 완성해야 하는 경우도 많았기에 이는 어쩔 수 없는 것이기도 했다.[30] 당국의 검열로 인한 과도한 장면 삭제 역시 관객으로 하여금 영화의 내용을 이해하기 어렵게 하는 요인으로 작용했을 것이다.

앞서 살펴보았듯 악조건 속에서 제작되어 전반적인 내용이 정확히 무엇인지 알기 힘든 프로키노의 영화는 1929~1934년의 여성, 재일조선인, 노동자, 농민 관객에 의해서야 저항영화로 재구성될 수 있었다. 그러나 1980년대 공개 상영회에서 프로키노를 기록하는 모임이 영화 시작 전 삽입한 여러 문장으로 구성된 설명자막은 영화의 빈 곳을 메워 1980년의 관객에게 영화가 말하고자 하는 바를 명확히 설정하고 영화의 수용방향을 제시하는 것이었다. 이는 1980년의 관객이 1929~1934년 프로키노 상영회장에서 내용

30 北川鉄夫, 앞의 글, 41면.

이 명확하지 않은 영화 일부 장면의 이미지에 자극되거나 여기저기의 장면을 이어 붙여 능동적으로 해석하는 여성, 재일조선인 관객의 존재와 그들의 저항성을 인지하지 못하게 하는 것이기도 했다. 1980년 시부야의 첫 공개 상영회의 제목은 '프로키노영화와 해설의 모임プロキノ映画と解説の会'이었다.[31] 이를 통해 영화 상영 후 프로키노 멤버에 의한 프로키노영화나 프로키노 활동에 대한 강연도 있었음을 추측할 수 있다. 1980년 관객은 1920~1930년대의 관객과 달리 영화에 집중하여 조용히 관람하는 것을 당연시 하였기에 1920~1930년 노동자 관객처럼 이야기를 나누며 소통하여 영화를 관람하기보다는 고립된 채 스크린만을 주시하며 조용히 영화를 관람했을 것이고 영화 관람 이후 이어진 프로키노 멤버와 프로키노영화만을 중시하는 강연의 내용을 일방적으로 받아들이기만 했을 가능성이 크다. 이러한 관람 양상과 후속 강연의 존재는 더욱 1980년의 관객이 1920~1930년대의 능동적인 노동자 관객을 상상하지 못하게 한 요인이었을 것이다.

자막을 덧붙이는 것을 통해 프로키노영화의 빈곳을 메우고, 프로키노 영사회장을 저항적 공간으로 재구성하는데 있어 관객의 역할을 알지 못하게 하는 것은 프로키노영화 상영의 역사에서 프로키노 멤버만을 부각시키는 것으로 연결될 수밖에 없다.

한편 1980년 이후 상영회에서는 이상 5편의 프로키노가 제작

---

31 小森静男, 「あとがき」, 『昭和初期左翼映画雑誌別巻』, 戦旗復刊刊行会, 1981, 78면.

한 영화만이 아니라 1932년 와세다대학의 한 영화서클이 제작한 〈스포츠〉라는 기록영화도 소개되었다. 이 영화 내용은 대학의 스포츠 시설을 엘리트 선수들만이 아닌 일반 학생도 자유롭게 이용할 수 있게 해야 한다고 주장하는 것이다. 프로키노가 지도했다는 이유로 과거 프로키노 상영장에서 상영된 바 없는 영화를 프로키노영화에 포함시켜 소개한 것이다. 2013년 프로키노를 기록하는 모임 측이 1980년 자막을 덧붙여 복원 상영한 그대로를 롯카六花출판사가 2013년 '프로키노 작품집プロキノ作品集'이라는 제목의 DVD로 발매하였는데, 이 DVD에도 다른 다섯 편의 영화와 함께 〈스포츠〉를 수록하고 있다. 당시 프로키노가 제작하지 않았고, 영사회에서 상영되지 않았으며, 노동자에 대해 말하지 않는 영화를 단지 그 일원이 지도했다는 이유로 프로키노 작품의 하나로 포함하려는 시도는, 프로키노를 기록하는 모임측이 프로키노영화 상영의 역사를 다른 단체에 대한 지도까지 포함해 제작, 상영 주체만의 활동으로 한정하고자 한 의도를 엿볼 수 있게 한다.

2) 프로키노 필름 복원

〈연돌옥 페로煙突屋ペロー〉는 유실된 부분을 새로 제작하는 방식으로 복원되었다. 이 영화는 도에이童映사에 의해 1930년 제작된 무성 그림자 애니메이션으로 프로키노영화 상영회에서도 상영된 작품으로 널리 알려졌다. 도에이는 도시샤同志社대학에 재학 중인 다나카 요시츠구田中喜次 등을 중심으로 1929년 결성된 애니메이션 영화 제작 집단이다. 〈연돌옥 페로〉의 필름은 남아있지 않는 것으로 알려져 있다가 1986년 우연히 발견되어 그 존재가 세상에 드러나게 된다. 그러나 발견된 것은 후반 6분 정도가 소실된 것이었는데, 이 부분은 1987년에는 프로키노 전前멤버들의 주도 아래 애니메이션 제작사인 그룹타크グループタック에 의해 복원되었다.[32]

작은 새를 도와준 대가로 병사兵士를 낳는 알을 받은 페로는 그 알로 병사를 만들어 내어 전쟁에서 적군을 무찌르는 공훈을 세워, 왕자의 기차를 탈취하여 선고된 벌을 사면받아 고향에 돌아갈 수 있게 된다. 이후 페로를 태우고 고향으로 출발하는 기차를 보여주는 장면은 이전 장면들과 달리 선명해서 이 장면부터가 복원 부분임을 쉽게 알 수 있다. 기차를 탄 페로와 승객의 모습이 보여진 이후 이내 페로와 맞은 편의 동승자 옆 얼굴만 보여지는 장면으로 전환된다. 이때 영화 전반부와는 달리 페로의 얼굴에는 눈이 선명하게 그려져 있다. 기차 안 페로의 시선으로 차창 밖의 풍경을 담은 장면이 이어지는데 그 장면에서는 쓰러진 전신주와 나무, 부서진 마차, 부상병 행렬, 전사자 묘비가 스쳐 지나간다.

슬픈 듯 눈을 감는 페로의 얼굴이 보여진 후 다시 장면이 전환되고, 이 장면에서는 맞은편의 동승자와 페로가 이야기를 나눈다. 무성영화이기에 다음 장면에서는 페로의 발언이 자막으로 보여지는데 자막의 내용은 "아저씨 도대체 어떻게 된 일이죠"이다. 이에

---

32 禧美智章, 앞의 글, 22면.

페로에게 대답하는 아저씨의 얼굴이 보여지고 동승자의 답이 자막으로 보여 진다. 자막의 내용은 "전쟁이 너무 참혹했기 때문이지"이다. 차창 밖 폐허의 모습은 전쟁 때문임이 명확하게 제시되는 것이다. 전쟁에 대한 대화가 지속되던 중 눈을 감고 고개를 숙여 슬픔에 잠긴 페로의 얼굴이 보여지기도 한다. 이후 페로는 전승戰勝에 대한 대가로 받은 포상품을 꺼내며 무언가를 말한다. 이어진 자막 장면에서는 "이런 포상 따위는 필요 없어"라는 페로의 발언이 보여진다. 다음 장면에서 페로는 병사를 낳는 알을 들고 무언가를 말하며 이내 알을 차창 밖으로 던져 버린다. 이어 차창 밖에서 알이 깨지는 장면이 보여진다. 다음 장면에서는 "전쟁 따위는 사라져 버려"라는 문구가 자막으로 나타나 페로의 발언 내용을 알게 한다. 이후 전쟁에 참가한 것에 대한 페로의 후회 발언이 이어진다.

시퀀스는 전환되어 외부에서 바라본 한적한 마을에 있는 페로의 집이 보여진다. 다음 장면에서는 집을 나와 곡괭이를 짊어지고 밭으로 가는 페로와 배웅하는 어머니가 등장해 페로가 고향 마을에 무사히 도착했음을 알 수 있게 한다. 차례로 페로가 밭가는 장면, 페로가 일을 마치고 집으로 들어오는 장면이 이어지고, 영화는 "어머니와 함께 농사를 지으며 평화롭게 살아가는 페로는 아주 행복했습니다"라는 자막 장면으로 끝을 맺는다.

복원된 후반부는 페로가 고향으로 돌아가는 기차 안에서 전쟁으로 인한 참상을 목격하는 부분과 이후 동승자 아저씨와 대화를 통해 전쟁에 가담한 것을 후회하고 반성하는 부분으로 구성되어 있다. 후반부는 별다른 군더더기가 없는 정제된 구성을 취해, 반전反戰이라는 명확한 주제 하에 일관된 네러티브를 가진 영화로 복원되고 있음을 확인할 수 있다. 동승자와의 대화 중 자막으로 보여지는 페로의 발언 내용은 "전쟁따위 사라져 버려", "나라를 구했지만 동시에 많은 사람을 죽였습니다" 등으로 전쟁 가담에 대한 페로의 후회와 반성의 감정을 드러내는 것들이다. 또한 복원된 부분에서는 페로의 눈이 그려져 있어 전쟁 후회 발언을 전후하여 눈을 감는 것이 표현될 수 있게 했다. 고개를 숙이는 것과 함께, 눈을 감는 것을 통해 전쟁에 가담한 것에 대한 후회, 전쟁 참상 목격으로 인한 슬픔의 감정이 표현되고 있는 것이다. 자막의 대사나 표정을 통해 주인공의 후회와 슬픔의 감정을 지속적으로 드러내는 것도 반전이라는 주제를 명확히 하는 장치로 작동하고 있다. 또한 페로의 눈이 그려짐으로써, 페로의 시선으로 기차 외부의 상황이 목격되도록 해 전쟁의 참상을 드러낼 수 있게도 했다. 영화의 마지막은 페로가 기차 안에서 전쟁 가담을 통렬히 반성·후회하고 나서야 고향 마을에 정착해 평안을 얻는 것으로 설정되어 있다. 마지막 일련의 장면들은 전쟁 가담을 반성하고 후회해야만 진정한 행복을 얻을 수 있다고 설정한 것으로 반전이라는 영화의 주제를 더욱 분명히 하는 것이라고 할 수 있다.

'복원' 부분과 달리 〈연돌옥 페로〉의 전반부에 해당하는 '원본'의 영화는 특정 주제를 전달하기 위한 일관된 네러티브를 구축하고 있지는 않다. 크게 이 부분의 시퀀스는 페로의 왕자 기차 탈취,

기차 탈취로 인한 페로의 사형선고와 사형장 대기, 적군과의 전쟁으로 구성되어있다. 시퀀스 사이 비약이 심하며 특히 '페로의 왕자 기차 탈취, 그로 인한 사형선고'와 '적군과의 전쟁' 사이에는 별다른 연관성이 없고 페로의 적군 발견이라는 우연적 요소가 전자와 후자를 간신히 연결하고 있을 뿐이다. 또한 전체 러닝타임에서 상당부분을 차지하는 왕자 기차 탈취와 이로 인한 사형선고 시퀀스는 반전反戰과도 어떠한 연관성을 지니지도 못한다. 이를 통해 원본의 영화는 반전이라는 주제에 맞추어 일관된 내러티브를 구축하고 있다고 보기는 힘들며, 기본적으로 느슨한 내러티브 속에서 기차 탈취, 전쟁 장면 등 역동적이며 재미있는 다양한 스펙터클을 전시하고 있다고 보아야 할 것이다. 영화 제작사도 아동영화를 주로 제작하는 곳이었고 아동을 주관객으로 하는 상영장에서 이 영화가 주로 상영되었으며, 제작자측은 제작의도와는 달리 프로키노 영화 상영장에서 이 영화가 저항적 분위기 속에서 상영되는 것을 보고 깜짝 놀랐다는 점[33]에서도 이 영화는 반전이라는 무거운 주제를 이야기하지 않은 것으로 보여진다. 원본은 아동을 주관객으로 하여, 일관된 내러티브를 구축해 명확한 주제를 전달하기보다는 재미있고 산만한 네러티브 속에서 신기한 스펙터클의 전시를 주 목적으로 하는 영화라고 보아야 할 것이다.

영화에서는 일관된 네러티브를 구축하고 주제를 명확히 하기

33 禧美智章, 앞의 글, 26면.

위해 등장인물의 감정상태를 효과적으로 표현하는 것이 중요한데, 복원 부분과 달리, 원본에 해당하는 영화 전반부에서 페로의 발언은 페로의 감정을 드러내는 것이 아니다. 자막으로 표시된 페로의 발언 자막장면은 5분여의 복원 부분에서는 7개인 데 반해 원본에 해당하는 15분여의 전반부에서는 4개에 불과하다. 4개 발언마저 전부 총리의 질문에 대한 간단한 대답으로 "제가 병사를 만들 수 있습니다" "적이 몰려오고 있다" 등 페로의 감정 상태를 표현하는 것이 아니라 사건 상황을 단순히 전달하는 것에 그치고 있다. 원본 영화에서 자막으로 나타나는 페로의 발언은 후반부의 복원 부분과 달리 영화의 전체적인 주제를 부각시키기 위해 페로의 감정상태를 표현하는 수단으로 이용되지 않고 있는 것이다. 원본인 영화 전반부에는 페로의 표정도 드러나지 않는다. 무엇보다 페로의 눈이 따로 그려지지 않아 페로의 감정 상태를 알기 힘들다. 역시 원본에서는 영화의 주제나 말하고자 하는 바를 명확히 드러내기 위해 페로의 감정 상태를 드러내는 수단으로 표정을 이용하지 않는 것이다.

즉 영화의 원본에 해당하는 전반부와는 달리, 후반부 복원 부분에서는 일관된 내러티브를 구축하고 대사나 표정을 통해 주인공의 감정을 분명히 표현해 반전이라는 주제를 명확히 드러내고 있는 것이다. 후대에 소실된 부분을 원본과 다른 방식으로 복원한 것은 이 영화를 일관된 내러티브를 가진 반전영화로 기억하고 싶어 하는 후대 사람과 전 프로키노 멤버의 욕망이 반영된 것이라고 볼 수밖에 없다.

이렇게 〈연돌옥 페로〉를 일관된 네러티브를 가진 반전영화로 복원하려 한 것은 폭압적 국가 권력에 저항하기 위해 프로키노는 영화 상영을 통해 관객에게 프롤레타리아 사상을 제대로 전달하여 관객을 교화하는 존재였다고 기억되고 싶었기 때문일 것이다. 이러한 복원 방식 역시 당시 프로키노영화 상영장에서 내러티브가 명확하지 않은 산만한 구성의 영화를 보면서 시끄럽게 대화를 나누고 노동가를 합창한 관객, 관객 사이 노동자로서의 연대에 근거해 주제가 분명치 않은 영화를 능동적으로 저항영화로 해석하는 관객의 존재를 지우는 것으로 연결될 수밖에 없게 한다.

3) 프로키노 기관지 복각

1981년 프로키노를 기억하는 모임이 복각한 프로키노 기관지의 기본 사항은 다음의 표에서 확인할 수 있다.

복각된 프로키노 기관지

형태	이름	호수	발행처	권수
잡지	신흥영화 (新興映画)	1929.9; 1929.10; 1929.11; 1929.12; 1930.1; 1930.2; 1930.3	신흥영화사	총 7권
	프롤레타리아영화 (プロレタリア映画)	1930.8; 1930.9; 1930.10; 1930. 11·12; 1931.1; 1932.2; 1932.3	신에이사 (新鋭社)	총 7권
	프로키노 (プロキノ)	1932.5; 1932.6·7	프로키노 출판부	총 2권
	(2차)프롤레타리아영화	1933.5; 1933.9	프로키노 출판부	총 2권
신문	영화클럽 (映画クラブ)	1931.10.15~1933.1.5	프로키노 출판부	총15부

형태	이름	호수	발행처	권수
신문	오사카지방영화클럽 (大阪地方映画クラブ)	1932.1.2; 1932.1.25	영화클럽 오사카사	총 2부

프로키노 발간잡지와 신문들은 제국주의 일본 당국의 검열과 탄압, 프로키노의 재원과 인력 부족 때문에 장기간 발행되지 못하고 창간과 폐간을 반복한 것으로 보인다. 프로키노를 기록하는 모임은 아카이빙 과정에서 『소화초기 좌익영화잡지 별권昭和初期左翼映画雜誌別巻』을 별도로 집필해 복각잡지와 함께 묶어 발매하였다. 『소화초기 좌익영화잡지 별권』은 복각잡지의 총 목차, 젊은 진보적 영화연구자인 마키노 마모루牧野守의 복각잡지에 대한 해제解題와 프로키노 멤버들의 프로키노 활동에 대한 회고로 구성되어 있다. 복각잡지와 함께 발매된 잡지 해제와 프로키노 멤버의 회고를 담은 별권의 책자는 상당한 분량의 복각잡지에 대한 독자들의 해석에 영향을 끼칠 수밖에 없는 것이다.

복각된 기관지에서는 노동영화이론 및 영화이론, 소련·독일·미국 등의 노동영화 소개, 식민지 조선영화 소개, 일본영화 비평, 프로키노 제작영화 소개, 프로키노 활동 소개, 일본 영화검열의 실태, 영화관 노동자의 일상, 농촌·공장 등에서 개최된 프로키노 영사회에서의 상영·관람 양상 소개, 프로키노 발간잡지와 프로키노 영화에 대한 관객들의 의견과 요구 등 다양한 주제의 기사들이 실려 있다. 프로키노영화와 프로키노 멤버의 활동과 사상에만 초점을 맞추지 않고 영사회장의 관객, 관객의 요구 사항, 식민지 조선을 비롯한 다양한 외국 영화의 소개, 영화이론, 영화비평, 영화검열 등 광범위한 분야를 다루었던 것이다.

『프롤레타리아영화』1930.11·12에 실린 당시 도쿄 동부 외곽에 위치한 도요모스린 카메이도東洋モスリン亀戸 공장에서의 프로키노 영사회 상황을 전하고 있는 기사의 일부를 살펴보자.

> 용감한 요모스洋モス 2천 명의 여공들. (…중략…) (프로키노 멤버들은) 음악실에서 교섭결과를 초조하게 기다리고 있다. (…중략…) (이 때 여공들은 상영 여부가 불투명 하지만) 어린 남동생, 여동생, 나이든 할머니, 남공들과 함께 자리를 메우고 있다. (교섭 결과를 기다리며) 그녀들은 우렁차게 메이데이가歌를 부르기 시작했다. (…중략…) 아직 경찰과의 담판은 결론이 나지 않았다. (…중략…) (여공들이 기다리는 중) 영화 상영을 허락한다는 통지가 왔다. (…중략…) 상영 중인 영화는 〈제11회 메이데이〉이다. (…중략…)
>
> (영화 속의 인물들은) 그녀들의 모습이다.
>
> 시위 참가자의 발걸음과 미래를 만드는 순간의 소리들.
>
> 정갈한 모습의 버스 종업원, 손수건으로 머리를 동여맨 여공들.
>
> (영화를 보고 있는) 그녀들은 환호를 지르고 약속한 바도 없이 메이데이가歌를 부르기 시작한다.
>
> 경찰의 노래 중지의 목소리. 반주인 〈X기旗〉의 하모니카 중지. (…중략…) 그녀들은 (상영 영화 속 노동지도자의 모습을 보고) 우레와 같은 박수를 보낸다.[34]

위의 기사는 경제 대공황기 사측의 대량해고에 대항해 여성 노동자들이 주도한 요모스洋モス쟁의가 발생한 공장에서 프로키노 영사회 관람상황을 그리고 있다. 영화 상영이 결정되지 않아 프로키노 멤버들이 경찰과 협상을 벌이는 중에도 여공들은 이미 상영장을 가득 채웠고 이때 메이데이가를 부르며 경찰을 압박했다. 상영회 시작 이후 〈제11회 메이데이〉 영화 상영 중 환호를 지르고 박수를 치며 메이데이가를 부르면서 노동자로서의 연대감을 강화하고 저항의식을 표현했음도 확인할 수 있다.

다른 기사에서는 노동자의 아내와 자녀를 대상으로 어느 지역의 탁아소에서 개최된 프로키노 영사회의 풍경을 전하고 있다. 상영 장비는 열악했고 스크린에 영사되는 영상의 상태는 좋지 않았지만, 스크린에 비춰지는 고통받는 농민의 모습을 보며 여성 관객들은 "심하네" "안쓰럽네"를 외치며 상호 간의 감정을 교류하고 노동계급으로서의 연대의식을 강화했다.[35] 기관지를 통해 확인할 수 있는 여성 노동자 관객은 프로키노영화에 일방적으로 감화되고 교육되는 존재가 아니라 프로키노영화의 장면을 자신들의 감정표현, 연대감 강화에 능동적으로 이용하였던 것이다.

재일조선인을 상대로 한 영사회 풍경을 전하는 기사도 존재한다. 이 기사에서는 항구와 도로 건설 공사 등 주로 열악한 조건의

34 高周吉, 「洋モス二千の女工さんへ(洋モス公開記)」, 『プロレタリア映画』 1930.11·12, 新鋭社, 1930, 39~43면. 인용문 중 괄호 안의 내용은 독자들의 이해를 돕기 위해 저자가 삽입했다.

35 「『母と子供の夕』とプロキノ映画」, 『映画クラブ』 8, 1932.6.15, 4면.

현장에 종사했던 쇼난湘南과 이즈伊豆지역의 재일조선인 건설노동자들이 조직적으로 임금 협상과 복지 개선 투쟁을 벌였음을 전하고 있다. 이러한 재일조선인 노동자들은 프로키노 영사회 개최에 적극 협력하였고 프로키노영화를 보면서 "우리의 손으로 영화를 만들어 보자"고 외치기도 했다.[36] 고베 고무 공장 지대 열악한 노동환경에 놓인 젊은 조선인 관객들은 프로키노영화 관람 후 노동영화와 저항영화를 관람하는 영화 서클을 만들기도 했다.[37] 다른 기사는 1930년 재일조선인 노동자들만 관객으로 입장하여 신주쿠의 어느 주택에서 개최된 프로키노영화 상영회에서 영화 상영 중 한 조선인 관객이 한국어로 영화에 대해 설명하는 것을 전하고 있다. 프로키노 멤버와 함께 조선인 관객은 갑작스레 들이닥쳐 영화 상영을 중지시킨 경찰과 교섭을 벌여 영화 설명자를 두지 않는 조건으로 영화 상영 재개의 허락을 얻어 내기도 하였다. 이후 그 기사에서는 영화 상영 중 조선인 관객은 슬로건을 외치고 박수를 쳤고 영화 상영 후 프로키노 멤버에게 상영 영화에 대한 비판, 요구 사항 등을 제출한 것을 설명하고 있다.[38] 복각된 잡지의 기사를 통해 재일조선인 역시 단순히 선전·교화의 대상이 아니라 프로키노 영사회 공간이 저항 공간이 되는데 있어 능동적으로 역할했음

36 神沢重史,「湘南,伊豆地方巡回報告」,『プロレタリア映画』1933-9, 新鋭社, 1933, 13~15면.

37 「サークルから」,『映画クラブ』8, 1932.6.15, 4면.

38 이에 관해서는 山田三光,「関東自由への特込」,『プロレタリア映画』1930-10, 新鋭社, 1930, 65~69면.

을 알 수 있다.

복각된 잡지의 곳곳에서는 여성, 재일조선인을 비롯한 노동자 관객이 영사회 개최와 그곳을 저항적 공간으로 만드는 데에 있어 중요한 역할을 했음이 드러나 있지만 이와 함께 간행된 복각잡지의 해제와 프로키노 멤버들의 프로키노 활동 회고를 주된 내용으로 하는 『소화초기 좌익영화잡지 별권』은 당시 여성과 재일조선인 등 노동자 관객에 대해서는 별달리 주목하지 않는다. 마키노 마모루는 25여 페이지에 달하는 복각잡지 해제에서 복각잡지에 대해 1페이지 분량으로 소개를 행한 후 상당부분을 이와사키 아키라, 사사 겐주, 나카지마 마코토, 곤도 코今東光 등의 프로키노 조직 이전 주축 멤버들의 진보 진영에서의 활동, 그들의 프로키노 조직 과정, 제작·상영 활동, 그들에게 가해진 경찰 탄압 등을 설명한다. 단 몇 줄로 '제1회 프롤레타리아의 밤' 프로키노 영사회장의 풍경, 환호성과 박수를 보내는 관객의 모습을 설명할 뿐이다.[39] 이때 관객이 보내는 "환호성과 박수"라는 표현은 관객을 영사회 공간을 저항적 공간으로 변화시키는 존재가 아니라 프로키노 멤버와 영화에 대한 경의를 바치는 존재로 위치시키는 것에 불과하다고 할 수 있다.

마키노 마모루의 해제 이후 프로키노 멤버들의 회고 글이 이어

39 牧野守,「「新興映画」「プロレタリア映画」「プロキノ」第二次「プロレタリア映画」および「映画クラブ」解説・解題」,『昭和初期左翼映画雑誌別巻』, 戦旗復刻版刊行会, 1981, 3~27면.

지는데 첫 회고문의 저자인 여성 프로키노 멤버 아쓰키 타가厚木たか는 프로키노영화를 접하고 이에 감동받아 프로키노에 가입하게 되었음을 설명한다. 프로키노 일원이었다고 하나 프로키노 가입 이후의 활동은 재정부에 소속되어 있다는 정도로만 간단하게 서술하는데 그쳐, 그녀는 스스로를 프로키노의 위대함을 증명하는 수동적 관객으로 위치시키고 있다.[40] 이외 다른 회고 글에서 프로키노영화는 관객에게 엄청난 인기를 얻었으며 이에 그들은 영화에 박수를 연발했다거나 감격하여 환호를 보냈다고 설명하고 있다.[41] 역시 관객을 프로키노영화에 감동받아 프로키노영화의 우수성을 보증하는 존재로만 설정하고 있는 것이다.

『소화초기 좌익영화잡지 별권』의 회고 글은 영화 상영과 제작 과정에서 일본 경찰의 훼방과 폭력, 감시에 대해서도 빈번하게 설명한다. 아오야마青山의 영화 상영회에서는 경찰 10명이 감시를 하였고 고치高知의 상영장에서 긴 칼을 찬 경찰들이 영사회장 내외를 감시했다고 말하고 있다.[42] 상영 종료 이후 고치 지부의 멤버들 대부분은 검거되었으며 이에 그들이 간행하는 영화잡지는 발행을 중지해야만 했다고 설명한다. 프로키노 도쿄지부의 멤버 5인이 수

---

40 厚木たか, 「出会いと別れ」, 『昭和初期左翼映画雑誌別巻』, 戦旗復刻版刊行会, 1981, 31~33면.

41 宇野真佐男, 「岡山プロキノのこと」, 『昭和初期左翼映画雑誌別巻』, 戦旗復刻版刊行会, 1981, 35면; 平葦信行, 「神戸支部の回想」, 『昭和初期左翼映画雑誌別巻』, 戦旗復刻版刊行会, 1981, 68면.

42 宇野真佐男, 앞의 글, 35쪽; 片岡薫, 「高知のプロキノ」, 『昭和初期左翼映画雑誌別巻』, 戦旗復刻版刊行会, 1981, 43면.

감되기도 했다거나 서점에 프로키노 출판부가 발행한 『영화클럽』 위탁 판매를 교섭하는 활동이 형사에게 발각되어 연행되기도 했다는 사실을 언급한다. 작은 공장의 집회를 지원하기 위한 영사회를 개최하러 갔다 경찰에 발각되어 그들에게 쫓기기도 했다고 말하기도 한다.[43]

회고 글들은 경찰의 감시와 탄압을 강조함과 동시에 프로키노 멤버들은 이에 굴하지 않고 영화 제작과 상영 활동을 끈질기게 이어나갔음을 밝히고 있다. 동료 5인의 검거 와중 이를 피한 한 프로키노 멤버는 검거를 두려워하지 않고 노동자 서클을 조직해 비합법적 이동 영사 활동을 이어나갔다거나 경찰서에 연행되어 석방된 직후에도 농민을 상대로 한 촬영을 위해 조감독 역할을 수행하기도 했다고 설명한다. 경찰에 검거된 대부분의 프로키노 멤버들은 도쿄 제작소의 중요함을 절실히 알고 있었기에 아무도 제작소의 존재를 경찰에게 발설하지 않았다고 말하기도 한다.[44]

이를 통해 프로키노를 기록하는 모임은 일본 제국주의 당국 혹

---

43 片岡薫, 위의 글, 44면; 小森静男, 「東京支部書記局」, 『昭和初期左翼映画雑誌 別巻』, 戦旗復刻版刊行会, 1981, 48면; 川野芳郎, 「プロキノの中の青春ー私にとっての陽と陰ー」, 『昭和初期左翼映画雑誌別巻』, 戦旗復刻版刊行会, 1981, 49~50면; 富田惣七, 「これからのこと」, 『昭和初期左翼映画雑誌 別巻』, 戦旗復刻版刊行会, 1981, 60면.

44 小森静男, 위의 글, 48면; 川野芳郎, 「プロキノの中の青春ー私にとっての陽と陰ー」, 『昭和初期左翼映画雑誌別巻』, 戦旗復刻版刊行会, 1981, 50면; 並木晋作, 「プロレタリア映画の先輩たち」, 『昭和初期左翼映画雑誌別巻』, 戦旗復刻版刊行会, 1981, 64면.

은 경찰의 온갖 탄압에도 불구하고 이에 맞서 꿋꿋하게 프로키노 활동을 이어갔음을 강조하여 일본 제국주의 당국과 프로키노 멤버 간의 이항대립 구도를 설정하려 한 것이다. 이를 통해 프로키노 멤버 활동의 의미를 더욱 부각시키려 했다. 이에 당시 프로키노 멤버이자 프로키노를 기록하는 모임의 사무국에서 아카이빙 작업의 실무를 맡아 보았던 고모리 시즈오小森静男는『소화초기 좌익영화잡지 별권』맺음말에서 영화연구자이자 평론가인 야마다 카즈오의 글을 인용하여 프로키노는 현재 민주적 영화운동의 기원으로 전전戰前 일본 제국주의 권력의 탄압하에서도 짧지만 빛나는 업적을 남겼다고 자평하고 있다.[45] 이항대립 구도하에서 프로키노 멤버의 업적을 강조하면서 책을 마무리 짓고 있는 것이다. 이러한 이항대립 구도의 설정은 당시를 살아간 사람들의 고통과 일상을 제대로 전달하지 못하며 일부의 저항을 낭만화한다는 측면에서 기억의 풍화로 연결된다. 물론 기억의 풍화 과정에서 프로키노 영사회 공간을 저항적 공간이 되게 하는데 역할했던, 복각잡지 여기저기에 배치되어 있는 여성과 재일조선인 등의 노동자 관객은 그 존재를 드러내기 어렵다.

한편 프로키노를 기록하는 모임은 프로키노 멤버만이 아니라 직접 글을 쓰게 하거나 인용하는 방식으로 아카이빙 작업에 마키노 마모루, 야마다 카즈오 등의 진보적인 영화연구자, 영화평론가

---

45 小森静男,「あとがき」,『昭和初期左翼映画雑誌別巻』, 戦旗復刊刊行会, 1981, 78면.

들을 참여시키나, 정작 프로키노영화의 최초 발굴과 상영에 큰 역할했던 영화평론가 이마무라 타이헤이는 아카이빙 작업에서 언급하지 않는다. 이를 사토 요는 이마무라 타이헤이가 분파투쟁이 극심했던 1950년대 일본 공산당에서 제명되어 공산당원인 프로키노 멤버와 불편한 관계에 놓였기 때문이라고 보고 있다.[46] 또한 이마무라 타이헤이가 프로키노의 주축 멤버이자 프로키노를 기록하는 모임의 회장이며 전후 일본에서 영화평론가로 큰 영향력을 지닌 이와사키 아키라를 관객과 대중을 무시한다며 비판한 것 역시 그가 프로키노 아카이빙에서 언급되지 않는 이유로 보인다. 구체적으로 이마무라 타이헤이는 이와사키 아키라가 관객이나 대중을 의식이 낮으며 좋은 영화를 통해 계몽시켜야만 하는 존재로 간주한다고 지적하고 이에 그의 평론은 고답적이며 그의 언어로 노동자와 자연스레 대화를 나누어 소통하는 것은 상상하기 어렵다고 비판하였다.[47] 관객을 무시한다고 이와사키 아키라를 비판한 이마무라 타이헤이를 아카이빙 작업에서 배제하는 것을 통해서도 프로키노를 기억하는 모임은 프로키노 멤버의 활동만을 신화화하려 했음을 알 수 있다.

---

46 佐藤洋, 「プロキノ研究史がかかえる問題」, 『立命館言語文化研究』 22-3, 立命館言語文化研究所, 2011, 102면.

47 이마무라 타이헤이의 이와사키 아키라의 관객, 대중 인식에 대한 비판은 今村太平, 「飯島正と岩崎昶」, 『映画評論』 4月号, 新映画, 1951, 43면; 이와사키 아키라의 관객, 대중 인식은 이와사키 아키라, 「영화와 자본주의」, 『동아시아지식인의 대화』, 현실문화, 2018, 65면에서 확인할 수 있다.

4)『프로키노 전사全史』의 출간

프로키노 멤버였으며 프로키노를 기록하는 모임의 회장대행을 맡아 프로키노 아카이빙 작업에 중추적 역할을 했던 나미키 신사쿠는 1986년『일본 프롤레타리아 영화동맹 프로키노 전사日本プロレタリア映画同盟プロキノ全史』를 발간한다. 편자編者는 프로키노를 기록하는 모임이라고 표기해 이 책의 발간도 프로키노를 기록하는 모임의 아카이빙 작업의 일환임을 명확히 하고 있다. 총 9개의 장 중 1장, 2장에서 당시 시대 상황이나 일본무산자 예술동맹나프의 움직임, 프로키노 조직 전 프로키노 멤버의 활동 등 프로키노 조직 배경·전야를 설명한다. 이후에는 프로키노의 조직 과정과 제작·상영 활동, 제국주의 시기 일본 사회의 폭압적 분위기와 경찰의 탄압, 경찰의 탄압에 대한 프로키노의 저항을 주로 설명하고 있다.

『소화초기 좌익영화잡지 별권』이 프로키노 멤버 개인의 일화를 중심으로 해서 자유롭게 프로키노 활동을 서술하는 것과 달리 이 책에서는 프로키노의 역사를 주제별로 세분화해 시간의 흐름에 따라 체계적으로 설명하고 있다는 차이를 보인다. 그러나 제국주의 일본 당국과 프로키노의 이항대립 구도 속에서 프로키노 멤버의 활동과 끈질긴 저항에 주목한다는 점에서는 양자 간에 큰 차이를 보이지는 않는다.『소화초기 좌익영화잡지 별권』에는 크게 다루어 지지 않던 당국에 의한 프로키노영화 검열이 설명되기도 하는데 여러 어려움 속에서 어렵게 촬영된 장면이 검열관 1인의 판단으로 삭제되었다던가, 특정 영화는 검열로 인해 영화 전체가 공개 불가 되기도 했다던가, 항상 검열을 염두에 두고 제작해야 해서 자유롭게 표현하기 힘들었다는 것들이 설명되고 있다.[48] 검열에 대한 설명 역시 이항대립 구도 속에서 당시 제국 일본 경찰의 프로키노 멤버들에 대한 탄압을 잘 드러내 보이는 것이기도 하다.

더불어 이 책에서는 1920년대 후반과 1930년대 초반의 일본 사회는 경제공황으로 인해 소시민은 절망과 회의에 빠져있었으며, 만주사변을 일으켜 파시즘화 된 정부는 일본 국민에 대해 중세적 탄압으로 일관하였고, 가혹한 수탈을 자행했다는 등 당시 시대 상황을 억압적이기만 했다고 설명한다.[49] 한편 요시미 슌야吉見俊哉는 일본의 1920~1930년대를 단순히 억압기, 파시즘 시기로만으로 설명할 수 없다고 하면서 여러 세력 간 경합과 갈등관계 속에서 대중문화, 소비문화가 확대되고 미디어가 발달하는 등 새로운 모던문화가 등장하는 시기이기도 했다고 설명하고 있다.[50] 1920~1930년대 일본 사회를 단편적으로 정의내릴 수 없음에도 불구하고 『프로키노 전사全史』는 일본 사회가 제국주의 국가 권력에 의해 일방적으로 영향받아 강압적이고 암울하기만 했다고 설명하려 한 것이다. 이는 시대적 악조건 아래 제국주의 일본 당국과 프로키노 멤버의 이항대립 구도 속에서 프로키노 멤버들의 저항

48 並木晋作, 앞의 책, 84·113~115면.

49 위의 책, 187·258·268면.

50 요시미 슌야, 연구 공간 수유 + 너머 '일본 근대와 젠더 세미나팀' 역, 「제국수도 도쿄와 모더니티와 문화정치」, 『확장하는 모더니티 – 1920~30년대 근대 일본의 문화사』, 소명출판, 2007, 73~75면.

성을 선명히 드러내려 한 의도가 있다고 할 것이다.

이외 애초 아동용으로 제작되었고 내러티브가 명확하지 않은 〈연돌옥 페로〉를 반전反戰영화로, 내용이 명확하지 않은 〈토지〉를 지주에 대한 노동자와 농민의 공동 투쟁을 주제로 한 영화라고 소개하고 있다.[51] 프로키노 영사회에서 상영되었던 말하고자 하는 바가 분명하지 않은 영화를 저항영화로 소개하는 것 역시 프로키노 멤버의 저항성을 명확히 하려는 것이었다.

한편 이 책의 5장에서는 '관객의 반응'과 '관객 조직'을 절의 제목으로 하여 관객을 다룰 수 있는 공간을 마련하고 있다. 그러나 '관객의 반응' 부분에서는 상영된 무성영화의 반주 음악인 독일 노동가 레코드의 프로키노 멤버에 의한 복잡한 획득 경위를 상세히 설명하고 정작 관객에 대해서는 입장자 수와 일부 영화에 대해 관객들로부터의 비판이 있었다 정도로 간단히 언급하고 있다. 관객들로부터 비판이 있었음이 언급되고 있으나 상영회를 저항 공간으로 전화시킨 관객의 적극적 관람 양상, 능동적인 수용 양상까지는 설명하고 있지 않다.[52] '관객의 조직' 부분에서는 관객인 노동자들이 프로키노영화 상영과 관람을 위한 조직을 자율적으로 건설하는 것에 대해서가 아니라 "전문적 영화기술자"로 구성된 프로키노가 제작·발신한 혁명적 영화를 "파이프"를 통한 것처럼 프로키노가 의도한 바대로 누수 없이 완벽하게 받아들이게 할 수 있는 관

51 並木晋作, 앞의 책, 83·145면.

52 위의 책, 115~120면.

객 조직을 일방적으로 건설하려 했음을 설명하고 있다.[53] 이 책에서는 일부에서나마 관객을 다루는 공간을 마련하고 있으나 프로키노 영사회장을 저항적 공간으로 만드는데 있어 중요한 역할을 하는 여성, 재일조선인 등 다양한 성격의 노동자 관객과 그들의 능동성에 대해서는 주목하고 있지 않은 것이다.

한편 책 여기저기서 노동자 관객은 스크린에 비춰지는 프로키노영화에 감동·감격하거나 이에 환호를 보내는 존재로 언급되며[54] 역시 프로키노 활동과 프로키노 제작영화의 우수성을 보증해 주는 획일적 존재로 소환되고는 했다.

5. 저항영화에서 관객 그리고 아카이브

일본의 영화사 연구자인 사토 요는 협의의 노동영화를 프롤레타리아 사상·이념을 담아 이를 관객에게 교육하려는 목적으로 제작된 영화, 광의의 노동영화를 프롤레타리아의 사상·이념을 직접적으로 담아 그것의 권위를 비추지 않고도 관객이 노동에 대해 감각하게 하며, 노동이란 무엇인가에 대해 고민하게 하는 영화라 정의내리고 있다. 계속해서 그는 협의의 노동영화는 이성으로 억제된 것이며 감각의 측면을 무시한 것이고 예술로서의 매력을 잃은

53 위의 책, 120~121면.

54 위의 책, 7·87·268면.

것이라 설명하고 있다.[55] 같은 맥락에서 영화사 연구자 하타 아유미畑あゆみ는 일본 다큐멘터리스트 유니언NDU은 1970년대 이전 선배 노동운동영화 감독들이 프롤레타리아 사상과 이념을 일방적으로 선전할 목적으로 영화를 제작한 것은 관객을 무시하는 것이라 비판하였음을 지적한다. 이러한 선배들에 대한 비판의식에서 제작한 NDU의 영화, 대표적으로 〈오키나와 에로스 외전沖縄エロス外伝〉은 프롤레타리아 이념을 강요하지 않고 미군을 상대로 한 오키나와 성매매 여성의 젊은 육체와 욕망·일상을 다루어 관객으로 하여금 노동자의 의미를 스스로 고민하게 하고 고상한 엘리트주의적 노동운동에 대해 도발하려 했다고 설명하고 있다.[56] 이들은 프로키노를 기억하는 모임과 달리 프롤레타리아 사상과 이념을 직접적으로 다루며 그 권위를 비추는 영화, 그리고 그러한 영화를 제작한 사람들만이 아닌 그 권위를 흔들며 관객으로 하여금 노동의 가치와 의미를 고민하게 하는 영화 혹은 노동에 대한 의미를 고민하고 감각하는 관객을 고려한 영화까지 노동영화로서 주목하고 있다는 것에서 의미를 지닌다. 그러나 후자에서도 관객은 광의의 노동영화와 NDU의 영화에 일방적으로 영향받아 노동의 의미에 대해 고민하는 존재들이다. 영화에 일방적으로 영향받지 않고 관람·상영환경이나 집합한 관객의 성격, 관객 간의 유대, 그것들 간

---

55 佐藤洋, 앞의 책, 6~13면.

56 畑あゆみ, 「運動のメディアを超えて一一九七〇年前後の社会運動と自主記録映画」, 『観客へのアプローチ』, 森話社, 2011, 386~405면.

의 상호관계에 의해 주어진 영화를 능동적으로 해석하고 감각하는 관객은 아닌 것이다.

랑시에르Jacque Ranciere는 1830년대의 두 노동자가 주고받은 서신을 분석하여, 당시 노동자들이 고단한 일과를 마친 밤과 휴일에는 시를 지어 낭송하는 것에 주목하였다. 일반적으로 일과시간에는 노동하고, 여가시간, 휴일에는 노동력을 재생산하기 위해 휴식을 취하여 노동자는 오로지 노동을 위해 대부분의 시간을 보낼 것이라는 고정관념과는 달리, 그는 여가시간에는 시인이 되고 철학자가 되는 노동자를 포착한 것이다.[57] 이를 통해 랑시에르는 노동자때로는 관객, 학생도 시인, 철학자때로는 예술가, 스승와 마찬가지로 일상 속에서 사유하고 의미를 만들어 내는 능동적인 존재들임을 보여주고 싶어 했다. 또한 노동자와 지식인 사이에는 노동하는 인간 / 사유하는 인간으로의 구분이 존재하지 않는다는 것도 말하고 싶어 했다. 나아가 그는 노동자들에게 해방이란 가엾고 열등한 그들을 교육하여 구제하는 것에서가 아니라 그들도 충분한 능력을 지니고 있으며 의미를 만들어 내고 사유하는 존재임을 인정하는 것에서 시작해야 한다고 보았다. 그러한 의미에서 사회운동사, 노동운동사 서술 혹은 사회운동, 노동운동 기억하기도 종국에는 노동자들의 해방을 목적으로 한다면 노동자는 교육받고 구제되어야 할 존재라 보기보다는 고단하고 고통스러운 일상에서도 사유하고 능

57 자크 랑시에르, 양창렬 역, 『해방된 관객』, 현실문화, 2016, 31~33면.

동적으로 행동하는 존재임을 인정하는 것에서 출발할 필요도 있다. 또한 그렇게 해야 기억과 역사에서 그들을 밀어내지 않을 수 있을 것이다.

아카이브는 아카이브 열병에 의해 존재할 수 있는 것이기에 특정 존재에 대한 부각, 신화화를 수반할 수밖에 없다. 이에 아카이브가 오로지 사실, 생생한 역사의 복원을 위한 것임을 내세우기보다는 차라리 아카이브의 본질적 한계를 인정하는 것에서 아카이빙 작업을 시작하여 조금이라도 그 한계를 보완할 방법을 찾을 필요도 있다. '필름' 아카이브는 감독, 제작자를 부각시키려는 아카이브 열병에 의해 추동되곤 한다. 그러나 스크린에 비추어진 영상이 특정한 성격의 영화가 되게 하는 것에는 프로키노 영사회에서 보듯, 제작자의 의도 이외, 관객의 영화 수용 양상도 중요한 역할을 하는 만큼 영화와 제작자의 활동만을 수집, 조사의 대상으로 할 것이 아니라 여성과 디아스포라 등 다양한 성격의 관객과 그들의 관람 양상도 그 대상으로 삼아야 할 것이다. 필름 아카이브에서의 관객에 대한 조사와 수집을 바탕으로 다양한 성격의 관객과 그들의 다양한 관람 양상이 스크린에 상영되는 영상과 맺고 있는 여러 관계를 고려·분석함으로써 고정되지 않고 시대와 장소에 따라 다양하게 존재하는 영화의 의미에 대해서도 풍부하게 사고할 수 있을 것이다.

제5장

통영청년단의 순회 상영

식민지 민족 엘리트와 대중 사이의 균열

1. 식민지기 영화관 이외 장소에서 영화 상영

앞서 언급했듯이 식민지 조선에서 영화관은 일부 도시에만 있어 조선인 중 소수만이 영화관에서 상업영화를 관람할 수 있었다. 대신 이외의 지역에서는 비상업적 목적의 영화가 다양한 세력에 의해 영화관 이외의 장소에서 상영되어 일부 조선인은 이를 관람할 수 있었다. 그럼에도 기존의 1945년 이전 시기의 한국영화사 연구는 식민지 조선에서 제작된 상업영화와 도시의 영화관, 그 관객에 집중해 왔다. 한편, 일부의 선행 연구들은 총독부의 활동사진반 조직이나 활동, 언론사의 뉴스영화 제작과 상영, 프롤레타리아 예술단체인 카프의 영화 활동에 대해 설명하고 있다는 것에[1] 의미

1 복환모, 「1920년대 조선총독부 활동사진반의 역할에 관한 연구」, 『영화연구』 24, 한국영화학회, 2004; 김정민, 「1920년대 초반 조선총독부의 활동사진에 대한 인식과 활용에 대하여−영화의 적극적 이용 정책의 성립과정을 중심으로」, 『인문과학연구』 27, 인문과학연구소, 2008; 변재란, 「1930년대 전후 프롤레타리아영화 활동 연구」, 중앙대 석사논문, 1990; 이효인, 「일제하 카프 영화인의 전향논리연구」, 『영화연구』 45, 한국영화학회, 2010.

가 있다. 그러나 선행 연구들은 제작과 영사 주체에 대해서는 관심을 갖지만 그 관객이나 그들의 관람 양상에 대해서는 주목하지 않으며 총독부와 카프 이외 다양한 주체에 의한 비상업적 영화, 선전영화 영사회를 다루지 않는다는 한계가 존재한다.

이러한 상황에서 이 장에서는 1920년대 통영청년단의 순회 영사회에 관해 설명한다. 통영청년단이 순회영사를 실시할 수 있었던 지역적, 시대적 배경에 대해 살피고 본격적으로 통영청년단 활동과 상영환경, 관객의 관람 양상과 그 의미에 대해서 설명하겠다.

2. 1920년을 전후한 시기의 통영

경상남도 남해안에 위치해 예로부터 어족자원이 풍부했던 통영은 수산어업이 발달한 지역이었다. 『동아일보』 1926년 11월 28일 기사에서도 확인할 수 있듯이 수산어업의 발달로 인해 통영항에 출입하는 선박수가 조선 전체에서 2위였다. 『통영시지』에 의하면 1914년 이출입 총액도 경남지역에서는 부산항 다음으로 많았다. 이로 인해 이 시기 통영은 다른 지역에 비해 경제 여건이 좋은 편이었다고 한다.[2] 주민들 스스로도 거부巨富는 없더라도 통영은 삼남지방의 대표적인 부호지라거나 부력富力으로는 여타 중소도시보

2 통영시사편찬위원회, 『통영시지』 상, 통영시사편찬위원회, 1999, 307·1217면.

다 우수하다고 인식하였다.[3] 경제적 여건이 좋았기 때문에 일본으로의 유학생도 많았는데 대표적으로 이 지역 출신 시인 유치진은 도쿄 유학 후 다른 유학생, 엘리트 청년들과 함께 연극단체인 토성회를 조직하기도 하였고[4] 1921년 12월 11일 『동아일보』에 의하면 이 지역 출신 일본 유학생들이 통영에서 따로 학예회를 개최하기도 하였다.

경제적으로 풍요로웠기 때문에 1920년대 통영의 인구증가 속도는 빨랐는데 1924년 6만 8천여 명에서 1934년에는 8만 4천여 명으로 증가해 이 기간 동안의 인구 증가율은 24% 정도였다. 같은 시기 조선 전체의 인구는 1,900만 명에서 2,100만 명 정도로 증가해 10% 남짓에 그쳤다. 또한 전체 인구에서 차지하는 이주 일본인 비율도 높아서 1924년 조선 전체 인구에서 일본인 인구가 차지하는 비중이 0.2%에 불과했던 것에 반해 같은 시기 통영 인구에서 일본인 비중은 4%였고 특히 시가지인 통영읍에서는 16%에 이르러 수산어업의 발전으로 이주 일본인이 다른 지역에 비해 많았음을 알 수 있다.[5]

1915년 남선일보 통영지국이 발행한 『경남통영안내』에 의하면 통영으로의 일본인 이주는 러일전쟁 이후부터 시작되었다고 한

---

3 박형균, 『통영사연구회 4집 – 통영안내』, 통영사연구회, 2008, 71면.

4 통영시사편찬위원회, 앞의 책, 420면; 충무시지편찬위원회, 『충무시지』, 충무시지편찬위원회, 1987, 1091면.

5 朝鮮總督府, 『統計年譜』, 조선총독부, 각년판; 박형균, 『통영사연구회 4집 – 통영안내』, 통영사연구회, 2008, 71·97~98면.

다. 이주 일본인들이 1906년에 항내 1만 평을 매수해 해안선을 정비하고 매립하여 시가지를 개발했고 1910년에는 개발한 시가지에 은행, 회사, 학교, 병원을 설립하였다.[6] 이뿐만 아니라 이 지역의 이주 일본인 40명이 조합을 조직해 봉래좌蓬萊座라는 극장을 설립했다. 경남지역에서는 봉래좌를 포함해 극장이 1910년대는 2개, 1920년대는 4개밖에 없어 통영에는 상당히 이른 시기부터 극장이 설립되었음을 알 수 있다. 이 극장에서는 주로 일본인들을 위한 공연이 행해졌으나 종종 영화도 상영되어 조선인들도 이를 감상할 수 있었다.[7] 시가지와 가까운 지역에 1910년대 후반부터 1920년대에 걸쳐 히로시마広島, 오카야마岡山현에 의해 이주 어업 기지가 건설되어 일본 어민들의 집단이주가 실시되고 그곳에는 주택단지, 학교, 우편소 등이 조성되었다. 협동조합도 만들어져 조선인과 어장을 공유하고 어획물을 공동 판매하기도 하였다.[8]

이렇게 통영은 일본인 인구 비중이 어느 지역보다 높아 조선인은 일본인이 건설한 시설을 이용하거나 조선인과 일본인은 경제 활동에 있어 협동을 하기도 하였지만 민족 간 대립도 많았다. 조선인의 경우 어업권 취득이 쉽지 않은데 반해 일본인은 한 사람이 손쉽게 몇 개를 얻기도 해 이에 대한 조선인들의 불만이 상

---

6 山本精一, 『慶南統營郡案內』, 南鮮日報統營支局, 1915, 58면.

7 위의 책, 71면; 「수해효제활동영사」, 『동아일보』, 1922.10.26, 4면.

8 김준, 「전형화 과정을 통해서 본 이주민의 거주 공간에 관한 연구－일본인 통영지역 이주 어촌 사례를 대상으로」, 부산대 박사논문, 2009, 50~55·72면.

당하였다.[9] 일본인 측이 발행한 『경남통영군안내慶南統營郡案內』에서는 통영지역 조선인 주민의 성미가 어느 지역보다 거칠어 일본인의 토지, 가옥 매입에 어려움이 많다고 하면서 1907년에는 조선인이 이주 일본인들을 습격해 폭동이 일어나기도 했다고 설명하고 있다. 폭동은 일본 육군에 의해 진압되었다고 한다. 계속해서 이 책에서는 조선인 주민의 저항이 심한 이유가 조선시대 이 지역에 삼도수군통제영이 위치해 있었기 때문이라고 보고 있다.[10] 삼도수군통제영은 임진왜란 이후 설치되어 통영은 이때부터 일본 등 외적을 방어하기 위한 군사도시로 발전하였는데, 이러한 역사가 일본인 침투에 통영의 조선인이 강하게 반발하게 한 이유라고 보았던 것이다. 교육면에서도 민족 간 불평등이 있어 이에 대한 조선인들의 반발이 발생하기도 했다. 통영지역 인구가 급증하여 취학 연령 아동도 증가하였지만 이에 맞춰 학교는 증가하지 않아 지역 사회에서 입학난이 중대한 문제로 떠올랐다. 특히 인구는 조선인이 많았음에도 조선인 학교가 일본인 학교보다 적어, 1914년 통영 전체에서 일본인 소학교는 11개였으나 조선인 소학교는 3개에 불과했다.[11] 이에 조선인들은 사립학교 설립에 관해 봉래좌 등에서 토론회를 열고 통영군과 교섭을 벌이기도 하고 경성의 총독부 청사까지 방문해 진정서를 제출하기도 하였

9 박형균, 앞의 책, 88면.

10 山本精一, 앞의 책, 57~58면.

11 통영시사편찬위원회, 앞의 책, 309면.

다. 이러한 노력에도 불구하고 조선인 학교 설립은 번번이 좌절되었다.[12]

3. 통영청년단과 활동사진대의 발족

1919년 3·1운동 이후 조선인들에게 불완전하나마 집회, 결사가 보장됨에 따라 이 시기에는 각종 사회단체들이 전국에서 활발하게 조직되었다. 어떠한 사회단체보다 청년단체의 설립이 두드러졌는데, 그 이유는 당시 사회가 청년들에게 식민지 조선의 현실을 변화시킬 역사적 소명을 부여하는 상황에서 1910년대 구락부나 수양회, 각급 학교, 동창회 등을 통해 청년들이 결합되어 있었기 때문이었다. 또한 3·1운동을 거치면서 청년들은 독립운동을 경험하게 되고 최종적으로 3·1운동이 실패하면서 독립을 위해 조선인들을 대상으로 한 실력 양상과 문화 향상의 필요성을 절감했던 것도 청년단 설립의 중요한 이유였다.[13] 청년단의 주력 사업은 조선인을 대상으로 한 실력양성운동과 문화향상운동이었는데 실제로 광주에서는 대중교육과 이를 위한 토론회, 강연회 개최와 물산 장려운동이 행해졌고 예천지역에서는 신교육보급, 풍속개량,

12 「통영시민대회」, 『동아일보』, 1922.4.25, 4면.

13 박철하, 「청년운동」, 『한국사』 49, 국사편찬위원회, 2001, 358~375면.

민립대학 설립운동이 행해졌다.[14] 1920년대 초반까지 청년단의 주된 참여계층은 엘리트와 지식인이었고 1920년대 중반 이후부터는 노동운동가, 사회주의자 등도 참여하면서 사업 내용이 노동운동이나 계급투쟁으로 확대되어 갔다.[15]

3·1운동 이후 전국적인 청년단 조직 움직임 속에서 통영에서도 청년단이 조직된다. 앞서 살펴보았듯이 이 지역에는 다른 지역에 비해 이주 일본인이 많아 민족적 차별을 직접적으로 경험할 수밖에 없었고 이에 대한 저항의 경험이 많아, 어떤 지역보다 통영지역에서 청년단의 조직은 자연스러웠다고 할 수 있다. 통영청년단은 1919년에 조직되었는데 조직의 중심인물인 박봉삼, 송정택, 여병섭 등은 기독교 청년회 회장, 향교 장의, 동아일보 분국장으로 통영지역의 지식인, 유지계층이었다. 『동아일보』 1921년 8월 21일 기사에 의하면 통영청년단 회의가 개최되었는데 이때 각지로부터의 유학생들이 다수 참석했다는 것을 통해서도 통영청년단에는 지식인 계층이 많이 참여했다는 것을 알 수 있다. 『동아일보』 1920년 6월 11일, 1920년 4월 18일, 1921년 11월 11일 기사 등에 의하면 통영청년단은 야학 운영, 법률지식 교육을 위한 강습회 개최, 사회풍속 개량, 물산장려운동 등에 관한 사업을 행하는 등 통영청년단의 주력 사업은 당시 다른 지역의 청년단과 유사하게

14 이애숙, 「1920년대 전남 광주 지방의 청년운동」, 『한국근현대 청년운동사』, 풀빛, 1995, 244~245면; 김일수, 「1920년대 경북지역 청년운동」, 『한국근현대 청년운동사』, 풀빛, 1995, 277~281면.

15 박철하, 앞의 글, 275면; 이애숙, 위의 글, 247면; 김일수, 위의 글, 282면.

실력 양상이나 문화향상운동이었음을 알 수 있다.

통영청년단의 활동이 다른 지역의 청년단과 구별되는 점은 활동사진대를 조직해 전국 각지를 순회하며 영화 상영회를 개최하였다는 점이다. 통영청년단이 이를 행할 수 있었던 것은 이 지역이 다른 지역보다 경제적으로 풍족했다는 것에 큰 이유가 있을 것이다. 실제로 영사기나 필름의 구입, 영사회 개최에는 많은 자금이 요구되어 젊은 청년층의 힘만으로 어려운 점이 많다고 할 수 있는데, 이 지역의 재력가들이 무이자로 자금을 대출해 주어 통영청년단은 오사카에 건너가 영사기와 필름을 구입할 수 있었다.[16] 또한 통영 주민들은 영화를 다른 지역보다 일찍 접할 수 있었던 것도 활동사진대를 조직할 수 있었던 중요 이유라 할 것이다. 1920년은 아직 조선에서 영화가 대중화되지 않은 시기로 경성에도 영화관은 8개밖에 없고[17] 경남지역에도 영화 상영과 연극 공연을 행하는 극장이 극소수의 도시를 제외하면 거의 없는 상황이었다. 하지만 앞서 살펴보았듯이 통영은 중소도시임에도 불구하고 이주 일본인이 많아 이들에 의해 1914년에 봉래좌라는 극장이 세워져 이곳에서는 영화가 상영되고는 하였다. 조선의 엘리트들은 봉래좌에서 영화를 접하면서 영화의 매력이나 선전효과를 빨리 깨달았다고 할 수 있다. 『동아일보』 1921년 5월 8일 기사에서 확인할 수 있듯

16 「청년단의 활동사진」, 『동아일보』, 1921.5.2, 4면; 「순회활동사진준비」, 『동아일보』, 1921.6.13, 4면.

17 迷迷亭主人, 「京城キネマ界漫步」, 『朝鮮及滿州』 1924-4, 朝鮮及滿州社, 1924, 169~171면.

이 청년단 활동사진대가 필름을 구입해 최초로 영화를 상영한 곳은 봉래좌였다는 점을 통해 청년단원들이 이전부터 봉래좌에 출입하였음을 추측할 수 있게 한다. 이 지역 조선인 청년 중에는 일본으로의 유학생이 많았다는 것도 다른 지역 청년단보다 영화의 이용가치를 먼저 깨닫게 하고 영화를 적극 이용하게 한 이유일 것이다. 실제로 활동사진대의 대장이었던 박봉삼과 오사카에서 필름과 영사기를 구입한 방정표는 일본 유학생 출신이었다.[18]

4. 활동사진대의 선전 활동과 그 효과

순회 상영은 주로 1921년에서부터 1923년에 걸쳐 행해졌는데, 1921년에는 통영에서 시작해 진주, 경성, 평양, 개성, 인천, 해주, 수원, 청주, 강경, 이리, 대구 등 경상도, 평안도, 황해도, 경기도, 전라도의 주요 도시지역에서 개최되었다. 1922년 이후에는 이와는 달리 남해, 하동, 광양, 보성, 남원, 거창, 함안, 경산 등 주로 경상도와 전라도의 농촌지역을 방문하여 영사회를 개최하였다.[19]

통영청년단의 순회 상영 소식은 『동아일보』, 『조선일보』, 『매일신보』 등의 신문에 자주 소개 되었고, 특히 『동아일보』에는 한 달

18 문화재청, 『구통영청년단회관－기록화 조사 보고서』, 문화재청, 2004, 29면.
19 「청년단 순회활동대」, 『동아일보』, 1923.10.30, 4면; 「통영활동대」, 『동아일보』, 1922.5.12, 3면.

에 수차례씩 기사가 실리기도 하였다. 1921년 8월 1일자 『동아일보』는 진주에서 영사회를 아래와 같이 기록하고 있다.

경상남도 통영청년단에서는 우리 사회의 교육이 남보다 뒤저서 지식에 주리고 암흑에 병드러 헤매는 우리의 처디를 깁히 유감으로 역이어 무쇠를 녹일듯한 더위에도 오히려 도라보디 안코 또한 무서운 시험을 무릅쓰고 우리도 남과 가튼 문명향복의 공동생활을 누리고저 하는 열심으로 활동사진기계를 사드려 전조선지방을 순회 흥행하야 (…중략…) 이십육 일 팔 시 오십 분에 진주가설극장에서 쏘다지는 박수소래 가온대에서 희극 한편을 비롯하여 무대의 첫막이 열니엿다. 후원단체 대표 남홍 씨의 소개로 통영청년부단장 김덕준씨의 간단한 취지설명이 잇슨후 불란서 파리 녀자 참정권운동을 비롯하여 십여종의 실사가 끗난 후 전 오권으로 된 단편의 영사가 잇셧는대 때때로 이러나는 박수의 소래는 적막한 밤의 공긔에 만흔 파동을 주엇다. 그 이튼날에는 〈강정의 주인〉이라는 것을 하게 되었다. 제일권으로부터 영사를 비롯하여 제이권이 끗나매 입장하엿던 경관으로부터 풍속괴란할 념려가 잇다고 돌연히 중지명령을 하얏슴으로 부득이 어제 저녁에 한 것을 다시하엿다. 이에 이르러 관중은 모도다 불쾌한 긔색을 띄우고 잇섯슴은 한가지 유감이라 할 만하겠더라. (…중략…) 동일행은 이틀간 진주에서 흥행하고 그의 실비를 제한 남은 돈은 진주 제일, 제이, 제삼 야학교와 부인야학교의 네 군데에 불소한 돈을 긔부하고 (…중략…) 진주중학교 기성회에서는 동일행을 이십륙일 오후 육시에 경남관으로 초대하야 만찬회를 개최하였고 후원단체에서는 동일행을 이십칠일 오후 십이시에 대성관으로 초대하여 성대한 송별연이 잇섯다더라.

중소도시 일개 청년단의 한 사업임에도 불구하고 『동아일보』는 간략하게 단신으로 처리하는 것이 아니라 상당한 지면을 할애해 영사회 개최의 목적, 영사회 진행 절차, 관객의 분위기, 경찰의 방해, 통영청년단과 지역단체와의 협력 등을 자세히 설명하고 있음을 알 수 있다.

1923년 경남지역에만 79개의 청년단체가 존재하는 등[20] 전국적으로 각 지역에는 많은 청년단이 조직되고 각각의 청년단은 강연회 개최나 야학 설립 등의 활발한 활동을 했음에도 통영청년단의 영사회만큼 각 신문사로부터 조명을 받고 관심의 대상이 된 청년단의 활동은 드물었다. 통영청년단의 활동사진대가 많은 관심을 받고 그 소식이 신문에 자주 실릴 수 있었던 것은 식민지 대중들이 영화에 대한 관심이 많았던 것이 중요한 이유일 것이다.

관련 기사들은 영사회 개최를 통해 얻은 수익금으로 각 지역 민족 교육기관에 대한 지원을 행했음을 알리기도 했다. 위에 인용된 기사에서도 영화 상영 수익을 민족 교육기관에 기부했다는 것을 기술하고 있다. 이러한 기사들은 민족 교육기관 설립·지원 필요성을 상영장에 모인 관객을 넘어 신문 독자들에게도 알렸던 것이다.

---

20 문화재청, 앞의 책, 26면.

『동아일보』 1922년 4월 29일 기사에서 경찰의 방해공작에 관한 내용이나 위에 인용된 기사 속의 일제에 의한 상영 중지에 관련된 내용은 신문 독자들에게 일본 경찰의 폭력성을 알리고 반일 감정을 고조시키는 역할을 했을 것이다. 민족 교육기관 확충과 식민지 권력의 폭압을 이야기하는 것은 조선 전체 청년단의 활동 목적과 일치하는 바이기도 했다. 즉, 통영청년단 활동사진대는 신문에 자주 보도됨으로써 영사회에 참여한 관객을 넘어 전 조선인을 상대로 조선 전체의 청년단 사업을 널리 알리는 역할을 한 것이다.

앞서 언급했듯이 통영청년단은 관객으로부터 기부를 받은 관람료를 지역의 민족교육기관 지원과 설립에 사용했다. 『동아일보』 1921년 9월 27일 기사에 의하면 강경에서는 수익금 280원 50전 중 140원을 교육 시설에 기부하였고 같은 신문 1921년 9월 9일 기사에서는 경성 영사회에서의 수익금은 종로중앙유치원에 기부하였다고 기록하고 있다. 관객으로부터 받은 관람료 일부를 민족교육기관의 설립과 지원에 이용하는 것은 민족교육을 확대하게 하는 것만이 아니라, 관객인 지역 주민들로 하여금 지역에서 민족교육기관 설립과 지원의 필요성에 관심을 가지게 하고 영화를 관람하는 행위를 지역의 교육 문제 해결로 연결하는 것이었다. 이는 민족교육 확대라는 청년단의 사업에 지역 주민을 참여시키는 것이기도 했다.

위에 인용된 진주에서의 영사회 개최 기사에서 살펴볼 수 있듯이 상영회를 개최할 때는 지역 청년회를 비롯한 다양한 민족 단체로부터 후원을 받았으며 그들이 영사회 개최에 직접 참여하기도 하고 방문지역의 청년회가 활동사진대원들을 위해 만찬회를 열어 주기도 하였다. 이를 통해 상호 간에는 소통과 의견 교환이 가능했다. 『동아일보』 1921년 9월 8일의 기사에 의하면 해주에서도 영사회 개최 전 이 지역의 청년회, 교육연구회, 여자청년회, 천도교 청년회가 통영청년단과 오찬을 하고 영사회 개최에 이들 단체가 적극적으로 협조했다고 한다. 하나의 단체가 아니라 지역의 다양한 단체가 참여했다는 것은 영사회를 통해 통영청년단과 지역 단체가 연결되는 것만이 아니라 그 지역의 다양한 단체들 간에도 교류, 협력이 행해지도록 했음을 의미한다.

『동아일보』 1922년 10월 31일의 기사에서 보듯이 무안지역 상영회에서는 영화 상영 전 영사회 개최에 참여한 이 지역 민족단체가 소개되고 영화 상영 중간에는 지역 민족단체 관계자의 강연이나 합창이 행해져 이들이 지역 주민 앞에 나설 수도 있었다. 진주에서도 영화 상영 직전 영사회 개최에 협조한 지역 민간단체에 대한 소개가 있었다. 이때 관객인 주민은 지역의 민간단체의 공연을 즐기고 그들을 반겼다고 한다. 이는 지역의 주민에게 지역의 민족단체가 널리 알려지게 하고 주민과 민족단체가 소통할 수 있게 하는 것이기도 했다.

즉 결과적으로 통영청년단 활동사진대는 조선 전체 청년단, 지역 민족단체의 홍보 기구의 역할과 각 지역의 민족단체를 연결하는 역할을 행한 것이다.

5. 활동사진대의 영화 상영 목적

통영청년단 활동사진대의 순회영사 활동이 조선전체 청년단의 홍보와 각 민족단체 간의 소통이라는 효과를 가져왔다고 하지만 순회 영사회 개최의 가장 중요한 목적은 조선 대중의 교화였다. 『동아일보』 1921년 8월 1일 기사에서는 "우리 사회의 교육이 남보다 뒤처져서 지식에 주리고 암흑에 병들어 헤매는 우리의 처지를 깊이 유감으로 여기어 (…중략…) 문명행복의 공동생활을 누리고자 하는 열심으로 활동사진기계를 사들여 조선지방을 순회흥행" 하는 것이라 설명하고 있다. 『조선일보』 1923년 9월 22일 기사에서도 문화를 선전하고 교육을 장려하며 가정교육상 모범적 미풍양속과 권성징악을 권장할 목적으로 순회 영사회를 개최한다고 설명하고 있다. 이외의 기사들 역시 순회영사의 목적이 문화 선전과 대중 교화임을 밝히고 있다.

상영영화는 그 내용은 확인할 수 없지만 〈구십과 구〉, 〈지무와 애견〉, 〈회오의 광명〉, 〈강정의 주인〉, 파리여자참정권운동에 관한 실사 등인데 『동아일보』 1921년 9월 9일, 8월 30일 기사에서는 〈지무와 애견〉은 교육영화라 설명하고 있으며 나머지 영화도 사회극이나 인정극의 극영화이나 교육적이고 예술적인 영화로 조선의 상황과 관련이 깊다고 설명하고 있다. 선택된 영화가 단순히 흥미 위주의 영화가 아니며 대중 교화를 목적으로 선택된 영화임을 알 수 있다.

교화를 위해서는 강연, 출판물 등의 다양한 수단이 있음에도 불구하고 통영청년단은 이것보다 많은 경비와 수고가 요구되는 영화를 선택한 것에는 특별한 이유가 있다고 할 수 있다. 잡지 『별건곤』에서는 "여기서도 활동사진, 저기서도 활동사진"이 이용되어 "세상은 활동사진의 세상이 되고 말았다"고 하면서 "이는 대중의 생각을 지배하는데 활동사진이 큰 힘을 가진 것을 알게 된 까닭이다"고 설명하고 있다.[21] 대중의 생각을 지배할 만큼이나 교육, 교화 수단으로 영화의 효과가 우수하기 때문에 영화가 여기저기서 이용되고 있다고 설명하고 있는 것이다. 통영청년단 역시도 영화가 교화, 선전 수단으로 어떠한 것보다 효과적이라 판단했기 때문에 이를 이용했던 것이다.

6. 영화 상영환경

통영청년단이 영사회를 개최한 가장 중요한 목적은 조선 대중의 교화임을 살펴보았다. 이미 여러 번 언급했지만 관객이 영화 속 세계를 실제처럼 감각하여 이를 받아들이고 교화되기 위해서는 영화텍스트만이 아니라 조용한 객석이나 영사 장치의 은폐 등의 상영환경도 잘 갖추어져야 한다.

---

21 「활동사진 이약이」, 『별건곤』 2, 경인문화사, 1926, 90면.

『동아일보』 1921년 9월 20일자 신문에서는 1921년 9월 14일 청주 상영회 모습을 다음과 같이 전하고 있다.

> 하오 8시에 개막한 바 (…중략…) 청주청년회장 유세면 씨 사회하에 대장 박봉삼 씨가 등단하여 현금 우리 사회에 부족한 것이 만흠은 (…중략…) 열변을 토하야 일반회중으로 하야금 만흔 늣김을 주엇다. 이에 사진의 영사를 시始한바 (…중략…) 실사 등을 필한 후 청주청년회원 중 이정현군의 아름다운 바이올린 독주가 유有하야 만흔 환영을 받앗스며 (…중략…) 방탕한 청년남녀의 마음을 깨우쳐 줄 만한 사진 등이 역유亦有하여 관중은 박수가 연속 부절不絶하는데 하오 12시에 폐하얏고.

위의 기사를 통해 상영장에서는 요즘 영화관과는 달리, 장편 영화 한 편만이 상영된 것이 아니라 다양한 성격의 여러 편의 영화가 상영되었다는 것을 알 수 있다. 영화 상영 이외에도 영화 상영 전에는 활동사진대 대장의 강연이 있었고 영화 상영을 전후해 연주가 있었다는 것을 알 수 있다. 복수의 영화가 상영되고 강연과 연주가 있었기 때문에 저녁 8시에 시작된 상영회는 밤 12시나 되어야 끝날 수 있었던 것이다. 다른 순회 상영지인 진주에서는 청주와 같이 연주, 공연은 행해지지 않았지만, 영화 상영 도중 활동사진대 부단장의 강연이 있고 실사영화, 장편영화 등 여러 편의 영화가 상영되었다.

『동아일보』 1922년 10월 31일 기사에서는 무안에서 행해진 영사회 상황을 아래와 같이 전하고 있다.

> 통영청년단 활동사진대 6명이 10월 10일 무안에 내착하여 (…중략…) 공립보통학교 내에서 하오 8시반 이도헌 씨 사회하에 〈오륜의 자각〉과 〈회오의 광명〉을 흥행한 바 간간 당지 청년회 여자강습생 및 기독교여학생의 합창.

역시 영화만 상영된 것이 아니라 영화 상영 전, 상영 사이 설명이나 합창 등의 공연이 있었던 것을 확인할 수 있다. 도시에서는 가설극장이나 회관 등 실내에서 상영된 것에 반해 농촌지역에서는 주로 야외에서 상영되었다. 바로 위의 인용문에서도 학교에서 영사회가 개최되었다고 기록되어 있는데 몇백 명이나 되는 관객을 교실에서 수용하기 어렵기에 이 경우 학교 운동장에서 영화가 상영된 것으로 보인다. 다른 농촌지역의 영사회에서도 교회 앞마당 등 야외에서 영화가 상영되었다.[22] 이와 같은 야외 상영장에는 정해진 관람석이 존재하지 않고 영사실, 스크린, 관람 공간이 분리되지 못해 영사 장치가 은폐될 수 없다. 시설이 잘 갖추어지지 않은 상황에서 야외 상영이라 입장할 수 있는 인원 제한도 없어 통영군 용남면의 상영장에는 1,000명이 넘는 사람이 입장하였다고 한

---

22 「청년활동사진대」, 『동아일보』, 1922.10, 4·6면; 「통영활사대래진」, 『동아일보』, 1923.10.20, 4면.

다.[23] 1923년 통영청년단은 총 161회 순회영사를 개최하여 총 9만여 명의 관객이 입장하였다고 한다.[24] 이는 1회 상영장 평균 관객수가 500~600명에 달하는 것으로 평균적으로도 입장인원이 상당했음을 알 수 있다.

영화 상영 전후에 합창, 독창, 강연이 있었을 뿐만 아니라 영화 상영 중에도 영화에 대한 설명이 있었다. 『조선일보』 1923년 9월 22일 기사에 의하면 포항에서의 상영회에서는 포항청년단 회장의 활동사진대에 대한 소개, 설명이 있은 후, 통영청년단 활동사진 대장의 영화에 대한 개요 설명이 있었다고 한다. 이후 〈회오의 광명〉이 상영되는데도 불구하고 대장은 퇴장하지 않고 영화에 대한 설명을 하고 이에 관객은 박수갈채를 보내었다고 한다. 같은 신문 1923년 7월 22일 담양에서의 상영회를 전하는 기사에서는 박봉삼과 김연호를 변사라고 소개하고 있어 영화 상영 중 통영청년단원에 의한 설명이 있었음을 확인할 수 있다. 영화를 보지 않은 관객을 대상으로 영화 상영 전, 영화 개요를 설명하는 전설前說이 있었으며 영화 상영 중에도 설명이 이어졌고 설명에 대한 관객의 박수가 있었다는 것에서 단순히 설명은 영화의 이해를 돕는 보조적 역할에 머물지 않고 두드러지게 존재하였음을 알 수 있게 한다. 이는 같은 시기 영화관에서, 관객의 영화에 대한 이해를 돕는 보조적 역할에 그치지 않고 전설을 하고 열변을 토하며 때로는 배우의 연

23 「순회활동대소식」, 『동아일보』, 1922.5.30, 4면.
24 「활사순회성적」, 『동아일보』, 1923.10.30, 4면.

기를 흉내내기도 한 변사의 역할과 유사하다고 할 것이다.[25] 직전에 언급한 『조선일보』 기사에서는 통영청년단측의 허남식과 손상린을 악사라고 소개하고 있어 영화 상영 중 반주음악도 연주되었음을 알 수 있게 한다. 이는 영화 상영 중에도 변사의 설명과 악사의 연주가 동시에 행해져 영사회장은 영화감상 공간이 아니라 떠들썩한 공연장으로서의 성격이 짙었다는 것을 알 수 있게 한다.

영화 상영 중 경찰에 의해 상영이 중지되는 일도 있었다. 실제로 앞에서 살펴본 1921년 8월 1일 자 『동아일보』의 기사가 전하는 바에 의하면, 1921년 7월 27일 진주에서는 경관이 〈강정의 주인〉의 상영을 중지시키고 이후 다른 영화를 상영하게 했다.

7. 관객의 영화 관람

통영청년단 순회 상영회에서는 여러 영화가 상영되고 중간 중간 공연도 행해졌으며 상영 전, 상영 중 영화에 대한 설명도 있었다. 영화 상영이 중간에 끊어지기도 했으며 관객의 수는 너무 많았다. 이에 관객은 오롯이 영화에 집중하기 어려웠을 것이다. 더군다나 농촌지역의 상영장은 야외였다. 이러한 공간에서 영사기 등의 영사 장치는 영화관과 달리 영사실에 숨겨져 있는 것이 아니라 관

25 이에 관해서는 정충실, 『경성과 도쿄에서 영화를 본다는 것－관객성 연구로 본 제국과 식민지의 문화사』, 현실문화연구, 2018, 151~154면 참조.

객에게 노출될 수밖에 없어 관객은 스크린에서 보여지는 영상이 실제가 아니라 만들어진 것임을 지속적으로 인지할 수밖에 없다. 또한 야외 상영장의 관객은 더위, 추위의 영향을 크게 받고 야외 상영장에는 정해진 좌석이 없어 관객은 주위를 돌아다니거나 타인과 접촉하며 영화를 관람할 수 있어 역시 영화에 몰입하기 쉽지 않았다. 이러한 상영환경에서 관객은 영화 속의 가상 세계에 통합될 수 없어 영화 속에 구현되어 있는 교육사상의 고취나 문화수준의 재고와 관련된 질서, 이데올로기를 실제적이거나 중립적인 것으로 받아들이기 어려울 수밖에 없다. 『동아일보』는 9월 11일 자 기사에 통영청년단의 1921년 9월 9일 종로청년회관에서 순회 상영 풍경을 다음과 같이 전하고 있다.

> 먼저 조선청년연합회 집행위원장 오상근 씨가 지방에 있는 청년단체로서 특히 교육을 위하여 전국을 순회하는 그들의 의기를 찬양하고 더욱 일반의 동정을 비는 말로 개화사를 마치고 그 청년단원 중에서 그 단체의 취지설명이 있은 후 (…중략…) 구미의 실사정을 소개하는데, 미국 부인의 참정 시위운동의 행렬과 쾌활한 남녀의 운동하는 모습도 있고 혹은 인도의 토인의 코끼리 행렬과 꽃같이 아름다운 블란서 미인이 붉은 입술, 흰이로 다정한 미소를 띄이고 나타날 때 청중의 박수는 그치지 아니하더니 끝으로 미국 전 대통령 윌슨 씨와 현대통령 하딩 씨의 얼굴이 나타나 청중의 환영하는 박수가 일어났다. (…중략…) 끝으로는 미국 어떠한 농촌에서 순결하게 자라난 아름다운 처녀가 화류계

에 출입하는 청년을 구제하고자 그 청년과 교제하기를 시작하여 처음에는 불쌍히 여기는 마음은 언뜻 뜨거운 연애가 되었음으로 방탕에 빠져 있는 청년이 때때로 처녀의 창밑에서 회개하는 눈물을 뿌리다가 처녀의 부친의 오해를 받아 쫓기어 나서 숙모의 집에 가서 외로운 생활을 하다가 다시 청년을 만나 애인의 격려를 입어 수천의 생명을 불속에서 구원한 〈회오의 광명〉이라는 사진이 있어서 흥미진진한 속에 동 11시경에 마치었다.

다른 상영회에서처럼 강연 이후 본격적으로 영화가 상영되었는데 처음에는 짧은 실사 영화들이 주로 상영되었음을 알 수 있다. 참정 시위운동이나 미국 대통령이 보여지는 짧은 실사영화들은 교육사상 고취나 문화수준 재고를 위한 목적에서 상영되었겠지만 이때 관객은 조용히 집중해서 청년단의 상영 목적에 맞게 영화를 이해하며 관람하는 것이 아니었다. 개개의 장면을 전체적인 맥락 속에서 해석하는 것이 아니라 여성 얼굴이 클로즈업 되거나 자신이 아는 미국 대통령이 등장하는 장면이 나타나면 박수를 치고 이에 대해 즉각적으로 반응하며 관람하였다. 이후 〈회오의 광명〉이 상영되었는데, 『조선일보』 1923년 9월 22일 기사에서 확인할 수 있듯이 활동사진대 단원은 이 영화를 문화, 교육에 관한 것이라고 소개하고 있다. 그러나 인용되고 있는 기사 속의 관객은 교육을 목적으로 선택된 영화로서의 성격을 드러낼 수 있는 부분인 주인공 청년의 자신의 과오에 대한 회개나 화재 구조에 대해서는 자세한 설명을 하지 않고 주로 "흥미진진한" 사랑이야기로 이 영화를 설명해, 교육영화보다는 로맨스영화 정도로 영화를 해석하고 있었음을 알 수 있다.

통영청년단에 의한 영사회 상영환경이 영상이 만들어지는 방식을 은폐하지 못하는 상황에서, 2차 순회지역인 농촌지역의 관객은 영화 전체에 대한 이해도마저 상당히 떨어졌을 것이다. 당시 대부분의 농촌 주민들은 영화를 접한 경험이 별달리 없었기 때문이다. 1939년 발행된 『가정지우』 20호의 「농촌인의 정신 위안」이라는 기사에서 안종화는 당시까지도 농민들은 영화를 접할 기회가 거의 없다고 말하였다. 『동아일보』 1922년 6월 10일 기사에서는 한산도에서 통영청년단의 영사회를 전하고 있는데 이곳의 주민은 영화를 접한 적이 없다는 것을 언급하고 있다.

이에 농촌지역 관객은 영화는 제대로 이해하지 못하고 실제를 영상으로 재현하거나 사진을 움직이게 하는 영사기술에만 호기심을 갖고 매혹될 가능성이 크다. 같은 맥락에서 톰 거닝Tom Gunning은 영화가 최초로 상영된 그랑카페에서 영화를 접해보지 못한 관객은 영화 속 돌진하는 기차를 현실인 것으로 오인해 공포에 떨었던 것이 아니라 사진을 영상으로 변화시키는 영사 장치에 매혹되었다고 설명하고 있다.[26] 통영군 용남면이나 한산도에서의 영사회에서는 각각 1,000명, 1,500명이 넘는 관객이 모여들어 영화를 관람

26 Tom Gunning, "An Aesthetic of Astonishment : Early Film and the (In)Credulous Spectator", *Art and Text* 34, 1989.

하였는데 영사 시설이 열악한 야외 상영회에서 앞자리 일부 관객을 제외하고 상당수의 관객은 스크린의 영상을 명확하게 볼 수 없었을 것이다. 그럼에도 몇 시간동안 영화를 관람한 것은 관객이 영화를 이해하는 것이 아니라 영상을 만들어내는 장치가 신기해서 이를 구경하는 방식으로 영화를 보았음을 추측할 수 있게 한다.

통영청년단 영사회는 아니지만 1935년에 연재된 이상의 수필 『산촌여정』에 묘사된 순회 영사회의 농촌 관객들도 영화 속 가상세계에 통합되지 못한 채 영상을 만들어내는 신기한 영사기술에 매료되어 영화를 바라보았다.[27] 이 수필에서 영화를 접해보지 못했던 농촌 관객은 영사되는 부산과 평양의 모습에 박수 갈채를 보내었다고 하는데 이 역시 부산과 평양의 모습을 평안도의 한 농촌에서 재생해 내는 영사기술이 신기해서였다. 계속해서 『산촌여정』에서는 이러한 관객들이 영화에 대해 동화적 꿈을 가지고 있다고 하거나 영화를 신기한 오랑캐의 요술이라고 생각한다고 표현하였다. 이 부분 역시도 조선의 농촌 관객은 영화 자체가 아닌 사진을 영상으로 변화시키는 마법과 같은 영사기술에 매료되었음을 말해주고 있다. 통영청년단의 영사회 활동과 비슷한 시기에 강원도청이 개최한 철원에서의 영사회에서는 간토關東대지진으로 인한 도쿄의 피해상황에 관한 영화를 상영했다. 여기서 관객은 영화를 보

---

27 『산촌여정』에 묘사된 농촌 야외 상영회를 분석한 연구로 월터 K. 류, 「이상의 산촌여정, 성천기행 중의 몇 절에 나타는 활동사진과 공동체적 동일시」, 『트랜스-영상문화저널』, 한국예술종합학교 영상원, 2000가 있다.

면서 슬픔이나 잔혹함을 느낀 것이 아니라 앉아서 도쿄의 구경을 하도록 해준 것에 감사함을 느꼈다고 한다.[28] 이 역시도 관객이 영화 속 가상 세계에 통합되는 것이 아니라 도쿄의 풍경을 철원에서 감상하게 한 영사기술에 매료되었음을 말하는 것이다.

도시의 관객은 청년단의 영화 상영 목적에 맞지 않는 방식으로 영화를 즐기고 농촌의 관객은 영화를 접해본 경험이 별달리 없어 스크린에 보여지는 영화를 이해하지 못하고 영사기술에 매혹되어 버린다고 한다면 통영청년단의 활동사진대의 미풍양속 권장, 문화재고와 같은 교화, 선전효과는 별달리 없었을 것으로 보인다.

통영청년단의 영사회 공간에서 관객 특히 농촌 주민은 이전에 접해보지 못한 새로운 기술과 대중문화를 접해 본다는 빌미로 밤늦게까지 이웃들과 모여 즐거운 시간을 보낼 수 있었다. 영사회는 실내가 아닌 실외에서도 상영되었기에 이때는 암실을 갖출 수 없어 영화는 밤에 상영될 수밖에 없었고 3~4시간의 상영 후 자정이나 되어야 폐회하는 것이 일반적이었다. 당시 사회 관념상 밤늦은 시간의 외출, 특히 여성의 외출은 자유롭지 않았는데[29] 1922년 6월 10일 『동아일보』에서는 한산도의 영사회에서 부인이 다수 입장해 있는 것이 특징적이라고 언급하고 있다. 이는 밤늦은 시간 부인의 외출이 자유롭지 않은 상황에서 영사회에서 영화 관람을 목적으로 부인의 외출이 허락된 것이 특별한 일이었음을 의미하는

28 재철원일기자, 「철원잡신」, 『개벽』 41, 개벽사, 1923, 90면.

29 「통영부녀자의 폐습」, 『동아일보』, 1921.6.6.

것이다. 1921년 9월 20일 『동아일보』 기사에서는 청주 영사회에 남녀 관객이 많이 입장해 있고, 특히 여학교 학생이 다수 입장하였다고 설명해 역시 이곳에서도 밤늦은 시간 여성이 자유롭게 상영회에 입장하였음을 알 수 있게 한다. 통영청년단의 영사회에서 여성관객은 사회적으로 허락되지 않은 야간 외출이라는 자유도 경험할 수 있었던 셈이다. 청년단에게 영사회는 선전의 장이었겠지만 마을주민은 이곳에서 새롭고 신기한 기술을 접하고 밤늦은 시간까지 자유를 즐겼다는 점에서 영사회는 오락, 축제의 공간이었던 것이다.

통영청년단의 순회영화 상영장은 주최자의 의도와는 달리 선전의 공간이 되지 못했다는 점에서 프로키노 영사회의 경우와 유사하다. 그러나 통영청년단의 상영장에서 관객, 특히 농촌 관객은 영사기술에 매료되어 영화를 보았으나, 프로키노 관객은 영사기술에 관심을 보이지 않고, 산만하게 영화를 보면서 영화의 일부 장면에 반응하거나 영화의 부분과 부분을 연결해 프로키노의 의도와는 다른 방식으로 영화를 자의적, 능동적으로 수용하였다는 점에서 상호 간 관람 양상에 차이가 있다. 이러한 차이는 일본과 조선 관객의 영화경험의 차이에서 기인하는 것이다. 또한 통영청년단 영사회장은 오락과 축제의 공간으로 전환되었으나 저항 공간이 되지는 못했다는 점에서도 프로키노 영사회장과 차이를 보인다. 프로키노 상영회와는 달리 통영청년단 영사회장이 저항 공간으로 전환되지 못한 것은 프로키노 영사회 관객은 같은 재일조선인 노동자, 노조원 등으로 특정한 상황이나 공동의 목적 등으로 강하게 연결되었던 것에 반해 통영청년단 영사회 관객은 마을 주민으로 느슨하게 연결되었기 때문이었다. 이에 영화 관람과 수용 양상의 성립에 있어 상영환경만이 아니라 관객 간의 관계도 중요한 요소로 작동함을 알 수 있다.

8. 순회 영사회장에서 드러나는 엘리트와 대중의 관계

통영청년단의 영사회에서 식민지 조선의 관객은 영화 경험이 별달리 없어 통영청년단의 의도와는 달리 상영되는 영화 속 가상 세계에 통합되지 못해 영화를 통해 통영청년단이 선전하고자하는 바를 수용하지 못했다. 프로키노 영사회의 열악한 상영환경 속에서 일본의 노동자 관객은 산만하게 영화를 보면서 관객 간 강한 유대를 통해 영화 상영 중에도 활발히 소통하여, 역시 프로키노가 의도하는 바는 선전되지 못했다. 통영청년단, 프로키노가 주최한 선전영화 상영장이 저항의 공간, 축제의 공간으로 전환된 것은 영사 주체가 의도한 바, 그들이 상영한 영화의 내용과는 달리 관객인 조선인, 일본 노동자들의 우발적이거나 주체적인 행동의 결과였다.

이에 평범한 노동자, 식민지인을 지우지 않기 위해서라도 노동운동이나 민족운동 등 저항 연구에 있어 지배자 / 피지배자의 이항대립 구도에서 피지배자로서 저항세력의 엘리트와 노동자·식민지인을 통일된 것, 그들 사이에는 어떠한 균열도 없는 것으로 전제해서도, 엘리트의 사상, 그들의 기록이 민족운동, 노동운동 전체를 대변한다고 여겨서도 안 될 것이다.

제6장

전후 일본의 원전 PR영화

패전국에 새로운 국가정체성 제시

1. 일본에서 원전과 PR영화

철학자 다카하시 데츠야高橋哲哉는 일본은 오키나와와 후쿠시마를 희생시키면서 작동, 유지되는 국가라 설명한다. 즉 패전의 대가인 미군 주둔은 오키나와에, 안전을 담보할 수 없는 원자력 발전소 건설은 후쿠시마에 집중시키고 대신 이외 지역에서는 안정적이고 안전한 사회 체제를 작동, 유지시킬 수 있다는 설명이다. 이에 그는 일본은 '희생의 시스템'으로 작동되는 사회라 정리하고 이 희생의 시스템을 원활히 작동시키기 위해 희생을 은폐하거나 숭고한 것으로 미화하는 장치들이 동원된다고 설명하였다.[1]

이 장에서는 후쿠시마와 관련된 희생의 시스템에 주목하면서 이것을 작동시키기 위해 원전의 위험성, 부작용을 은폐하거나, 원전을 가동하는 것 혹은 위치시키는 것을 숭고함으로 미화시키는 장치로서 일본의 원전 PR영화에 집중한다. 일본에서 PR영화란 공

1 다카하시 데츠야, 한승동 역, 『희생의 시스템 후쿠시마 오키나와』, 돌베개, 2013, 37~38면.

적·사적 단체, 상품의 홍보와 일방적 선전을 목적으로 만들어진 영화를 지칭한다. 또한 PR영화를 통해 제작 주체는 자신들의 이익에 근거하여 자신이 의도하는 바를 관객에게 믿게 하려 한다. PR영화 역시 일종의 선전영화라 할 수 있다.

일본에서 원전이 위치한 지역은 대부분 근대화 과정에서 소외된 지역이다. 대표적으로 후쿠시마를 중심으로 한 도호쿠지역은 메이지유신 과정에서 근대화의 주도권을 빼앗겼으며 최근까지도 개발에서 소외되고 있다.[2] 원전가동과 건설은 그 위험성에도 정부, 전력산업, 학계 등 복잡한 이해관계 속에 지속되는 가운데, 후쿠시마를 비롯한 소외지역은 정부 지원금이라도 얻기 위해 원전이라는 위험 시설을 유치하고 유지한 것이었다.[3] 실상은 개발 소외지역이라 어쩔 수 없이 위험한 원전을 유치하였지만 PR영화와 같은 원전을 미화하는 장치들을 통해 주민들의 일부는 원전은 안전하며 원전 유치 행위는 국가를 위한 숭고한 희생이라 받아들일 수 있었던 것이다.

대중동원을 목적으로 원전에 대한 미화, 선전 장치에 대한 연구로는 후나바시 하루토시舩橋晴俊의 연구가 대표적이다. 그는 전력회사, 경제산업성, 문부과학성이 거대한 자본으로 원전에 대한 정보

2 민덕기, 「일본 도호쿠 지방에선 왜 아베정권의 '메이지유신 150년'을 보신전쟁 150주년으로 기념하고 있을까」, 『한일관계사연구』 66, 한일관계사학회, 2019, 325~334면.

3 김은해·박배균, 「일본 원자력복합체와 토건국가」, 『ECO』 20-2, 한국환경사회학회, 2016, 119~123면.

조작을 행해왔다고 지적하며, 조작 방식을 네 가지로 구분한다. 첫 번째는 원자력 전력회사의 광고와 선전 및 원자력 관련 정부 조직에 대한 홍보, 두 번째는 미디어 보도와 TV프로그램에 대한 관여, 세 번째는 오피니언리더에 대한 관여, 네 번째는 연구자에 대한 관여이다. 이를 통해 원자력 발전에 대한 회의적 사회 인식과 여론을 긍정적인 것으로 전환시켜 왔다고 설명한다.[4] 이 연구는 원전 미화, 선전 장치의 전체상을 보여주고 있다는 데서 의미를 지니나 이 글이 주목하려 하는 원전 PR영화의 구체상에 대해서는 명확히 밝히고 있지는 않다.

요시미 슌야吉見俊哉는 1950년대 이후 원자력 선전 박람회, 신문사의 보도, 원자력 선전영화, 미공보원의 활동 등을 통해 피폭국 일본에서 원전이 안전하며 평화적인 것으로 받아들여지게 되는 과정을 분석한다.[5] 그러나 다양한 선전 수단의 일부로 영화를 다루고 있다보니 원전 PR영화에 대해서는 간단한 소개에 그칠 뿐이다.

반면 드물게 원전 PR영화에만 주목해 이를 분석한 연구가 존재한다. 세오 하나코瀬尾華子는 1950~1960년대 일본의 원자력기관과 회사가 기획·제작한 다수의 원전 PR영화를 분석하여 이들 영화가 원자력의 평화이용과, 원자력 발전소 건설을 통한 일본의 근

---

4 舩橋晴俊, 「福島源展災の制度的·政治的欠陥ー多重防護の破綻という視点」, 『東日本大地震と社会学』, ミネルウァ書店, 2013, 136~161면.

5 吉見俊哉, 「被爆の悪夢からの転換ー原子力広報言説の戦後史」, 『戦後復興から高度成長へー民主教育·東京オリンピック·原子力発電』, 東京大学出版会, 2014, 253~280면.

대화를 말하고 있다고 설명하고 있다. 너무 많은 영화를 분석한 탓인지 원자력 PR영화의 특징을 나열하는 것에 그쳐 원자력 PR영화가 궁극적으로 말하고자 하는 바, 그것의 의미가 명확히 잘 드러나지 않으며 원전 PR영화 내용의 시대적 변화에 주목하지 않는다는 점에서 아쉬움이 있다.[6]

이에 이 글에서는 패전 후 고도성장기의 원전 PR영화들에서 원전이 패전국에서 진보된 과학기술국으로, 피폭국에서 평화 국가로 지위를 전환하게 하는 등 원전을 일본의 새로운 국가 정체성 확립과 연결시키고 있는 점에 주목한다. 선진국으로 진입해 패전의 기억이 잊혀져가던 고도성장기 이후의 PR영화는 이전의 것과는 어떤 차이를 보이는지도 아울러 살펴본다. 분석 대상의 원전 PR영화는 다음과 같다.

분석 대상 영화

제목	제작사	제작년도
〈원자력 발전의 새벽(原子力発電の夜明け)〉	도쿄시네마 (東京シネマ)	1966
〈여명－후쿠시마 원자력 발전소 건설기록 (黎明－福島原子力発電所建設記)〉	니치에이 과학영화 제작소 (日映科学映画製作所)	1967
〈여명 2부－건설편(黎明二部－建設編)〉	니치에이 과학영화 제작소 (日映科学映画製作所)	1971
〈후쿠시마의 원자력(福島の原子力)〉	니치에이 과학영화 제작소 (日映科学映画製作所)	1977
〈새가 본 섬나라의 에너지－ 해안선에 위치한 일본의 원자력 발전소 (鳥の見た島国のエネルギー 海岸線に立つ日本の原子力発電所)〉	이와나미서점 (岩波書店)	1987
〈눈으로 보는 후쿠시마 제일 발전소 (目で見る福島第一発電所)〉	니치에이 과학영화 제작소 (日映科学映画製作所)	1991

이상의 영화는 도쿄전력 등의 전력회사와 정부기관인 에너지지원청이 직접 지원하여 제작한 것이다.

본격적인 원전 PR영화 분석에 앞서 미점령 기간에 행해진 선전영화 상영 양상도 간략히 살펴보겠다. 미점령 기간의 선전영화는 앞서 설명한 교육영화처럼 국가 정책을, 일방적으로 미화하고 선전하여 대중동원을 목적으로하는 영화이기에 원전 PR영화와 동일한 성격의 것이라 할 수 있다. 일본에서 원전 PR영화 상영은 그 이전의 교육영화·선전영화 상영과 같은 맥락에서 행해진 것으로 그 이전의 선전영화 상영 상황을 살펴보는 것은 원전 PR영화 상영의 목적이나 상영 양상의 이해에 도움이 될 것이다. 이미 일본의 영화관, 교육영화 상영장환경은 현실감을 창출하는 방식을 은폐하는 조건을 갖추어 갔고 관객 역시 조용히 주시하면서 영화만 감상하는 것을 체득하였기에 이 장에서는 상영환경, 관객의 관람 양상은 상세히 살펴보지 않고 원전 PR영화의 내용에만 집중하겠다.

2. 전후 일본 선전영화 상영의 역사

제국 일본과 마찬가지로 패전 이후의 미점령군과 일본 정부 역시 영화의 선전효과를 잘 알았기에 대중의 교화와 선전에 영화를

---

6 瀬尾華子, 「PR映画に描かれた原子力－1950年代末葉から1960年代の「平和利用」「科学技術」「近代化」」, 『社会情報学』 4-3, 社会情報学会, 2016.

적극 이용하였다. 다만 제국주의 정부와 달리 미군점령군과 전후의 일본 정부는 국가주의가 아니라 대중을 상대로 미국의 우월성과 미국이 파괴적 핵 사용국이 아닌 평화국임을 말하는 영화를 주로 상영하였다. 이때 상영된 영화의 주된 내용은 미국의 선진된 사회 문화, 미점령 이후 일본에서 민주화의 성과, 평화적 원전 에너지 등이었다. 영화를 통한 효과적인 교화와 선전을 위해 미점령군과 일본 정부는 전국에 1,300대의 영사기를 추가 보급하였으며 이에 1948년에서 1950년까지 니가타新潟에서만 월평균 500여 회나 선전영화를 상영할 수 있었다. 미군 점령 종료 후에도 일본 정부는 영화를 이용한 대중 동원을 지속해 나갔다.[7] 이에 선전영화 상영을 위한 시청각 라이브러리가 전국적으로 확대 설치되어 1969년에는 전국에 928개소가 운영되는데 이르렀다.[8]

전후의 시기에도 일본 정부는 영화가 대중을 동원하고 교육하는데 매우 효과적인 수단임을 잘 인식하고 있었고 이러한 인식을 바탕으로 교육·선전영화 제작, 상영에 대한 설비를 확충하고 선전영화 제작과 상영 노하우를 축적해 온 것이다. 1960년대 이후 피폭국인 일본에서 원전의 건설·확장 과정에서 원전 PR영화의 제

---

7 미 점령기 선전영화 상영에 대해서는 原田健一, 「CIE映画 / スライドの日本的受容－「新潟」という事例から」, 『占領する眼·CIE / USIS映画とVOAラジオ』, 東京大学出版会, 265~272·283면; 土屋由香, 「原子力平和利用USIS映画－核ある世界へのコンセンサス形成」, 『占領する眼·CIE / USIS映画とVOAラジオ』, 東京大学出版会. 2012, 47~48·64면을 참고.

8 「学校でPR映画」, 『朝日新聞』, 2012.2.7.

작·상영은, 일본이 선전영화 상영의 경험과 제도를 오래동안 축적, 확충하고 영화의 높은 동원효과를 명확히 인식했기에 가능한 일이었다.

앞서 언급한 시청각 라이브러리에는 평화적 원자력 에너지 등을 말하는 원전 PR영화들도 다수 소장되어 있어 각 학교 등은 손쉽게 이를 대출해 상영할 수 있었다. 각지에서 개최된 원자력 평화 이용 박람회에서 원전 PR영화가 상영되었고 TV에서도 원전 PR 영화가 방영되기도 했다.[9]

원전 PR영화는 TV 방송의 시작, 경제성장과 전자산업의 발전으로 인한 영상기기의 급속한 보급으로 전쟁 전, 점령기보다 자주, 적극적으로 상영될 수 있었을 것이며 대중은 이전 시기보다 손쉽게 이를 접할 수 있었을 것이다.

3. 원전 PR영화의 내용

1) 원전이라는 진보된 과학기술 보유국, 일본

1966년 제작된 〈원자력 발전의 새벽〉은 "방사성 동이원소 사용실"이라는 글자가 붙어 있는 공간에서 하얀 실험복을 입은 남자가 유리 너머의 로봇팔을 조작하며 무언가 실험을 하는 모습에서 시작된다. 이때 나레이터는 "계속해서 새로운 기술을 향해 진보해온

9 「学校でPR映画」,『朝日新聞』, 2012.2.7.

인류는 지금 드디어 원자력시대에 들어섰습니다"라고 설명하고 있다. 원자력을 진보로 설정하는 나레이터의 설명은 로봇팔을 조종해서 행하는 실험 장면으로 더욱 설득력을 갖게 된다.

곧 이어 화면에 "원자력 발전의 새벽"이라는 타이틀이 나타나고 건설 중인 원자력 발전소가 노출된다. 돌연 생명을 빼앗는 야생의 불이라며 거칠게 타오르는 산불 장면이 등장한다. 이후 인간에게 도움이 되는 에너지가 된 아궁이의 불이 나타난다. 다음으로 석탄과 석유 등 화석 연료를 통해 화력 발전소에서 타고 있는 불을 비춘다. 마지막으로 원자로 장면을 보여주면서 네레이터는 "과학의 진보로 원자력 분열이라고 하는 새로운 방법의 에너지를 개발하기에 이르렀다"고 설명한다. 즉 이 부분에서 영화는 '에너지가 되지 못한 산불→나무를 태워 발생하는 에너지→화석연료를 태워 발생하는 에너지→원자력을 이용한 에너지'의 진보 도식을 만들어 원자력 발전이 새로운 단계의 진보임을 드러내고 있는 것이다.[10]

물론 진보를 의미하는 원자력기술의 획득은 원자력 발전소를 건설하여 이를 안정적으로 작동시켜야 가능한 일이다. 이에 1960~1970년대의 PR영화들은 원자력 발전소 건설과정을 상세히 보여주고 있다. 영화의 전반부는 원자력 발전소 건설 직전의 모습을 주로 다루는 데 1971년에 제작된 〈여명 2부-건설편〉의 첫 부분에서는 건설 예정지 주변 해안 바위에 파도가 부딪혀 물보라가 거세게 이는 장면을 20초간이나 보여준다. 이후 후쿠시마의 원자력 발전소 건설 예정지인 바다에 면한 누런색의 황토로 이루어진 낭떠러지 해안을 15초간 보여준다. 1967년 제작된 〈여명-후쿠시마 원자력 발전소 건설기록〉에서 건설 예정지 주변에서 각종 조사를 벌이는 곳은 황무지이다. 부감으로 촬영된 장면에서는 황무지가 드넓게 펼쳐져 있고 연구원을 태운 자동차는 바싹 마른 갈대밭이 가득한 곳을 지난다. 이후 공사가 시작되자 불도저는 황토를 실어 나르고 산에 화약을 터뜨리자 황토땅이 드러난다. 이는 원자력기술을 보유하기 위한 최초의 단계인 원자력 발전소 건설 착수 때 갖추어진 조건은 아무것도 없음을 효과적으로 드러내 보이는 것이다.

다음에는 이러한 악조건 속에서도 복잡한 과정을 거쳐 원전이 건설되는 모습을 집중적으로 보여준다. 1977년 제작된 〈후쿠시마의 원자력〉에서는 원자로 압력용기의 재료로 쓰일 두꺼운 철판을 제작하는 요코하마의 공장을 비추어준다. 이때 공장의 거대하고 복잡한 설비들이 노출되며 분주히 일하는 노동자의 모습이 비추어진다. 헬기를 이용해 발전소의 거대한 송전탑에 전선을 설치하

10 당시 일본의 가장 진보된 기술을 총동원해 조성한 1970년 오사카 엑스포장으로 전기 공급은 의도적으로 미하마(美浜) 원자력 발전소에서 생산된 것으로 했다. 미하마 원자력 발전소는 오사카에서 멀리 떨어져 있으며 또한 간사이 전력은 엑스포 회장으로의 전기 공급을 위해 예정보다 서둘러 미하마 원자력 발전소를 완공했다(「初の原発 大阪万博照らす 電気が生まれた(4)」, 『日本経済新聞』2015.8.28). 이를 통해서도 원전 PR영화에서만이 아니라 당시 일본 사회에서 원자력은 오사카 엑스포에서 과시될 만한 최신의 기술, 진보된 기술로 받아들여지고 있었음을 알 수 있다.

는 모습도 보여준다. 방호 복장을 입고 우라늄 검사하는 사람들의 모습도 나타난다. 1971년 제작된 〈여명 2부 – 건설편〉에서는 발전소 예정지 앞의 거친 파도를 뚫고 방파제와 거대한 테트라포트를 부설하는 장면, 변압기·발전기·터빈 부설 장면을 보여주기도 한다. 〈원자력 발전의 여명〉에서는 발전소 건물의 최상부의 난간에서 크레인이 거대한 물체를 발전소 내부로 내리는 모습을 보여주는데 이때 사람의 크기에 대비되어 발전소의 거대함이 드러난다. 이상의 장면은 발전소 건설 과정이 매우 복잡하고 어려운 작업이며 발전소가 매우 거대한 규모임을 드러내고 있다. 또한 이 영화의 마지막 부분에서는 나레이터가 후쿠시마 3호기는 대부분 국산기술에 의한 것임을 밝히고 있는데 이는 원전이라는 기술의 진보를 오로지 일본의 힘으로 이룩한 단계에 이르렀음을 말하고 있는 것이다.

〈원자력 발전의 여명〉에서는 선박으로 원전에 필요한 증기 장치를 발전소 건설현장 앞의 부두로 싣고 오는 장면을 보여주고 원전에 이용될 장치를 싣고 빠르게 달리는 기차, 여러 원전 장치를 운반하는 트럭의 모습도 등장시키고 있다. 이는 어렵고 복잡하고 거대한 발전소 건설이 원전 건설지 주민이나 원전 관계자만이 아니라 일본 전체의 산업 체제 안에서 여러 일본인의 협동과 노력으로 진행되고 있음을 보여주는 것이기도 하다.

발전소 건물 건설, 파도와 해일을 막아주는 방파제의 건설, 전국 각지에서 만들어져 보내진 발전소 장치의 조립 등의 과정을 거쳐 발전소가 완공되고 원자력 발전이 성공적으로 개시된다. 이에 〈원자력 발전의 새벽〉에서는 통제실에서 관계자들이 일제히 박수를 치고 방송국은 통제실에 설치된 카메라로 원자력 발전의 성공을 전국에 알린다. 이후 원자력 발전소의 외관을 비추는데, 이때는 황무지와 같은 황량함이 사라지고 직사각형 모양의 거대한 원자력 발전소의 모습이 화면을 가득 채운다. 이후 원자력 발전소의 측면을 촬영한 장면에는 거대한 원자력 발전소 건물 옆으로 여러 색깔의 자동차들이 주차되어 있다. 원자력 발전소의 통제실도 비추는데 마치 SF영화 속 우주선의 조종실처럼 이곳은 각종 단말기들과 조작 장치들로 채워져 있다. 〈후쿠시마의 원자력〉 마지막 부분에서 완공된 발전소는 군더더기 없이 깔끔한 흰색의 직사각형 형태의 건물이고 송전탑은 흰색과 빨간색 줄무늬로 세련되게 채색되어 있다. 어렵고 복잡한 과정을 통해 완성된 발전소의 깔끔하고 반듯한 건물과, 발전소가 들어서기 전 황토색으로 가득한 황량한 황무지는 대비되는 것이다. 발전소 건설 이후 〈원자력 발전의 새벽〉의 마지막에서 나레이터가 원자력 발전 가동을 "새로운 미래를 여는 원자의 불"이라고 말하고 〈후쿠시마의 원자력〉 마지막에서 원자력을 새로운 에너지이자 "우리 모두의 생활을 지탱하는 큰 힘"이라고 표현하고 있다. 이러한 나레이터의 발언과 앞서 언급한 원자력 발전소 건설 전의 풍경과 건설 후의 풍경을 극명히 대비시키는 것은 관객으로 하여금 시각적으로 원자력 발전의 개시를 차원이 다른 진보, 엄청난 진척으로 감각하게 하기에 충분하다.

또한 〈후쿠시마의 원자력〉과 〈원자력 발전의 새벽〉에서는 원자력 발전 성공 이후 태양이 지평선에서 떠오르는 장면을 삽입하고 있는데 이는 원전 PR영화의 제목에서 '새벽', '여명'의 용어를 사용한 것과 마찬가지로 원자력 발전은 일본의 과학기술이 진보를 이루어 새로운 단계에 진입했음을 말하는 것이다. 이에 그치지 않고 〈원자력 발전의 새벽〉에서는 원자력 발전소 개시 성공 장면 직후 화려한 불빛으로 빛나는 밤의 도시 풍경, 헤드라이트를 켜고 이동하는 자동차 장면을 이어 붙여 마치 원자력 발전이라는 기술 발전이 일본인에게 풍요를 보장해 줄 수 있다고 말하려 든다.

기존의 것과는 차원이 다른 에너지기술을 역경을 헤치고 어려운 과정을 거쳐 일본인이 손에 넣었다는 것은 스스로의 노력으로 일본이 진보된 과학기술국이 되는 것을 의미한다. 원전 건설 전의 예정부지 모습처럼 패전 이후 폐허의 황무지 같았던 일본에서는 미군상대 성매매 여성이 미군의 팔짱을 끼고 거리를 활보하였으며 1964년 도쿄 올림픽 개최 전까지 도쿄 주요 공간은 미군이 점유하고 있었다.[11] 이후 전자산업으로 대표되는 제조산업 발전으로 비로소 일본은 패전국의 그림자를 지워버리고 겁탈당한 것과 같은 치욕을 잊음으로써 과학기술에 기반한 제조강국의 정체성을

11 김은해, 「1964년 도쿄올림픽과 도쿄개조」, 『사회와연구』 109, 한국사회사학회, 2016, 239~242면; 마루카와 데쓰시, 장세진 역, 『냉전문화론－1945년 이후 일본의 영화와 문학은 냉전을 어떻게 기억하는가?』, 너머북스, 2010, 123~124면.

얻어갈 수 있었다.[12] 1970년 오사카 엑스포는 일본이 패전의 상흔을 극복하고 선진된 과학기술국으로 자리매김했음을 전 세계로부터 공인받으려 한 이벤트였다.[13] 원전 PR영화 역시 황무지에 차원이 다른 진보된 기술로 작동되는 원자력 발전소를 일본이 건설하고, 안정적으로 운영한다는 것을 전시함으로서 일본은 패전국에서 벗어나 진보된 과학기술국으로서의 정체성을 얻었음을 말하려 한 것이다.

2) 원자력 평화 이용국, 일본

원자력 발전은 핵분열 과정의 에너지를 이용한다는 측면에서 원자폭탄과 동일하다. 원자폭탄이 이 에너지를 파괴와 살상에 이용하는 것과 달리 원자력 발전은 밀폐된 공간에서 핵분열을 통제하며 그 에너지를 이용해 냉각수를 데워 증기를 만들고 이 증기로 터빈을 돌려 전기를 생산한다는 차이를 보인다.[14] 핵분열 에너지를 파괴와 살상이 아니라 전기 생산에만 복무시키기 위해서는 핵분열 과정을 밀폐시키며 방사능 물질의 유출을 막고 이를 엄격히 통제하는 장치와 기술이 중요하다. 후쿠시마와 체르노빌의 사례에서 보듯 이를 통제하지 못할 경우 엄청난 재난으로 이어지지만

---

12 요시미 슌야, 오석철 역, 『왜 다시 친미냐 반미냐』, 산처럼, 2008, 258면.

13 정충실, 「엑스포 70, 한국이 빌려온 미래」, 『문화와 융합』, 43-7, 2021, 한국문화융합학회, 662~664면.

14 다카기 진자부로, 김원식 역, 『원자력 신화로부터의 해방』, 녹색평론사, 2001, 34면.

말이다.

이에 〈후쿠시마의 원자력〉에서는 전반부에 핵분열 에너지를 이용해 전기를 만들어 내는 원자력 발전의 원리를 설명하면서 핵분열과 방사능 물질을 밀폐시킬 수 있는 압력 용기와 격납 용기의 안전성을 상세히 설명한다. 철로 만들어진 두꺼운 압력 용기에 어떠한 균열이 없도록 초음파 검사를 하는 장면도 삽입한다. 〈원자력 발전의 새벽〉에서는 공장으로 철판을 운반해 그 철판을 성형하고 용접 등으로 조립해 두껍고 거대한 압력 용기를 만들어 내는 장면을 상세히 비춘다.

압력 용기에 대한 설명, 그 제작과정을 보여준 이후 〈후쿠시마의 원자력〉에서는 압력용기의 겉을 다시 둘러싸는 격납용기에 대해 설명한다. 격납용기의 두께는 어린아이 두 명이 양팔을 벌린 정도의 것임을 보여준다. 〈여명 2부－건설편〉에서는 압력용기를 감싸는 두껍고 거대한 격납용기의 타설 모습을 여러 각도에서 촬영해 보여준다. 그 거대함과 웅장함을 보이기 위해 카메라를 바닥에 놓고 하늘 방향으로 격납용기를 촬영한 장면도 삽입하고 있다. 후쿠시마 원전사고가 일어난 이후 지금의 시점에서는 너무나도 무색하지만, 격납 용기를 검사하는 장면을 보여 줄 때 나레이터는 간토關東대지진 3배의 지진도 견딜 수 있는 것이라 설명하고 있다. 핵분열 과정을 밀폐하는데 있어 가장 중요한 압력용기와 격납용기의 복잡하고도 어려운 제작, 설치 과정을 상세히 보여준 이후에는 방사능 유출을 막는 2중 출입 장치, 공기필터와 방사능 폐기물의 철저한 처리 방식을 보여주기도 한다.

〈원자력의 새벽〉에서 원자력 발전소의 작동 개시 이후 나레이터는 "평화를 위한 원자력을 다룰 수 있게 되었다. 거대한 원자 에너지를 원자로 안에서 다루고 있다. 원자의 불, 새로운 미래를 여는 원자의 불입니다"라고 말하고 있다. 어렵고 복잡한 과정을 거쳐 일본의 기술로 핵분열 에너지를 가둘 수 있게 되어 일본에는 더 나은 미래가 도래할 것임을 말하고 있는 것이다. 일본의 기술로 핵분열 에너지를 가두어 전기를 생산하는 것은 일본이 피폭의 상처를 극복하고 자신들을 파멸시킨 핵분열 에너지를 인류의 풍요를 위해서만 이용하는 원자력 평화 이용국이 되었음을 말하는 것이기도 하다.[15]

〈후쿠시마의 원자력〉에서는 철저한 방사능 물질 통제를 보여주는 장면 이후 푸른 하늘을 배경으로 바람에 흔들리는 나무의 푸른 잎, 수영장에서 알록달록한 수영복을 입고 물놀이하는 귀여운 아이들의 모습을 보여주고 있다. 이러한 영상들은 일본에서 원자력 기술의 평화적 이용, 안전성에 대한 이미지를 강화해 주는 것이다.

파괴적인 핵분열 에너지를 앞선 기술을 통해 가두어 둠으로써 일본이 피폭국에서 원전의 평화적 기술 이용국이 될 수 있도록 하

15 1991~1993년간 재임했던 미야자와 기이치(宮澤喜一) 총리는 일본은 핵무장이 가능하다고 공언했으며 후쿠시마원전사고 이후 이시바 시게루(石破茂) 중의원 의원은 당시 탈원전 움직임을 견제하면서 핵무기를 만들 수도 있다는 가능성 때문에 원전을 포기할 수 없다고 발언하기도 했다(다카하시 데츠야, 앞의 책, 70~72면). 일본의 일부 정치인은 피폭국에서 핵의 평화적 이용국이 되기 위해서가 아니라 피폭국에서 핵무기 보유국이 되기 위해 원전가동을 지지한 것이다.

는 것에는 미국의 도움이 있었음을 PR영화 여기저기서 말하고 있기도 하다.

〈원자력 발전의 새벽〉에서는 발전소 통제실의 한 귀퉁이에 백인이 전화를 받고 있고 이를 일본인 남성이 기록하는 장면이 등장한다. 둘러앉아 회의할 때도 이 회의에 참석해 일본인의 의견을 듣거나 기록하는 백인 남성을 보여준다. 〈후쿠시마의 원자력〉에서는 우라늄 원료를 원자로에 주입하는 작업을 할 때 많은 이들이 통제실에서 이를 지켜보는데 그 중 한 명은 백인이다. 〈여명－후쿠시마 원자력 발전소 건설기록〉 에서도 사무실에서 회의하는 사람들 사이에 백인이 섞여 있는 장면을 볼 수 있다. 이때 나레이터는 후쿠시마 발전소 건설에 미국 GE사 직원으로부터의 도움이 있었다고 말하고 있다. 이상의 장면들과 설명은 원자력 발전소 건설에 있어 미국으로부터 핵심기술에 해당하는 부분의 기술 전수가 있었는지, 아니면 회의에서 조언 정도를 듣는 데 그쳤는지를 명확하게 말하지 않으며 백인의 등장 장면도 적어, 원자력 발전 개시와 이로 인한 일본의 진보된 과학기술국, 원전 평화이용국으로서의 정립이 일본의 기술을 통해 성취되었다고 이해하는 것에 장애 요소가 되지는 않는다. 그러나 원자력 발전소 건설과 가동에는 미국의 협력이 있었음을 명시적으로 나타내는 것이기는 하다. PR영화는 이를 통해 미국은 히로시마와 나가사키에서 원폭을 투하한 적국이 아니라 일본에서 평화로운 원자력 발전의 가동을 돕는 친구가 되

었음을 말하고 있는 것이다.[16]

1945년 파괴적인 원자력으로 인해 일본은 패전국, 피폭국이 되었고 일본에 있어 미국은 원수, 점령군이 되었지만, 불과 얼마 시간이 지나지 않은 냉전기에 진보된 원전기술로 인해 일본은 평화국이 되고, 미국은 일본에게 우방국이 되었음을 PR영화는 말하고자 한 것이다. 나를 파괴한 무기의 기술을 평화적으로 이용하고, 나를 파괴한 적이자 동시에 최강국인 존재와 현재에는 친구가 되는 것은 어찌 보면 패전과 피폭의 완벽한 극복이라고도 할만하다. 원폭에 의한 패전과 피폭의 완벽한 극복이 원전을 통해 가능하다고 원전 PR영화는 말하고 있는 것이다.

3) 자연 · 지역과 공존하는 원전

1970년대 일본은 GDP 세계 2위에 올라 경제대국으로 성장하고 도쿄 올림픽과 오사카 엑스포라는 메가이벤트를 성공적으로 개최하여 선진국으로 공인받게 되어 일본인의 기억에서 피폭과 전쟁 경험은 사라져 갔다. 이에 대해 노이 사와라기Noi Sawaragi는 고도성장기 애니메이션과 팝아트에 등장하는 전시기의 무기는 역사

16 미국은 1950년대 파괴적 핵무기 이용 국가라는 인식을 벗기 위해, 우호국에 일부 원자력기술을 전수하고 있으며 이를 통해 타국과의 협력과 연대를 강화하고 있음을 선전하기 위해 원전 PR영화를 제작하고 일본을 비롯한 해외에서 상영하기도 하였다(土屋由香, 앞의 글, 47~48·64면 참조). 원자력 발전에 있어 미국의 협조를 언급하는 일본의 원자력 PR영화는 미국의 원전 PR영화의 뜻을 이어받고 있다 할 것이다.

적 맥락이 삭제된 채 그저 화려한 작품의 일부로서 삽입된 것이라고 하면서 이는 이 시기 일본인들이 전쟁과 패전의 기억을 망각했음을 알 수 있게 한다고 말한다.[17]

풍요를 구가한 1980년대, 1990년대 원전 PR영화에서 국가정체성 확립 혹은 피폭국, 패전국이라는 역사를 극복하기 위해 일본은 원전이라는 진보된 과학기술 보유국, 원자력의 평화 이용국이 되었음을 더 이상 말하려 하지 않는다. 대신 1980, 1990년대의 것에서는 원전이 자연·지역과 조화를 이루고 공존하고 있음이 강조되고 있다.[18]

우선 원전이 자연환경을 훼손하지 않고 그것과 공존하고 있음을 보여준다. 이를 위해 원전과 주변 자연환경을 부감으로 촬영해 상호간의 공존을 한눈에 느끼게 하는 방식이 주로 사용되었다. 과거의 원전 PR영화에는 부감 사용이 그다지 없고 오히려 카메라를 아래에 놓고 거대한 원전 건물을 우러러 보며 촬영해 그 위용을 드러내는 경우가 많았다. 새의 시선으로 아래를 내려다 보며 그 전체를 조망하는 부감 촬영 방식은 바라보는 자 = 관객으로 하여금 촬영대상에 대해 지배적 위치에 있음을 감각하게 한다. 원전에 대한

---

17 Noi Sawaragi, "On the Battle Field of 'Superflat' : Subculture and Art in Postwar Japan", *Little Boy : The Arts of Japan's Exploding Subculture*, New Haven : Yale University Press, 2005, pp.187~205.

18 吉見俊哉, 앞의 글, 278면에서는 원전 PR영화가 시간의 흐름에 따라 국가에서 지역으로 담론이 축소되는 형태로 변화한다고 설명한다. 그러나 본고에서 조사한 바 국가정체성확립에서 자연환경·지역으로의 변화를 담론의 축소라 보기는 어렵다. 또한 그는 원전 PR영화 내용 변화의 의미도 언급하지 않는다.

부감 촬영 방식의 빈번한 이용은 패전을 극복하고 경제대국이 된 일본인에게 더이상 원전이 그 위용을 자랑하는 숭배의 대상이 아니라 통제의 대상이 되었음을 의미한다고도 하겠다.

〈눈으로 보는 후쿠시마 제일 발전소〉1991의 전반부에서는 헬기에서 촬영하여 백색 직사각형의 원전 건물을 기준으로 화면의 윗부분에는 드넓게 펼쳐진 녹색의 들판과 산을, 아랫부분에는 푸르른 바다를 노출시키고 있다. 백색 사각형의 원전 건물은 녹색의 들판과 푸르른 바다가 펼쳐져 있는 후쿠시마 해안지역 풍경의 일부로 여겨지며 그 풍경의 아름다움을 해치지 않는다. 다음 장면에서는 헬기가 이동하며 해안가에 나란히 세워져 있는 원전 건물들을 비추는데 앞의 장면과는 달리 원전 주변 지역을 더 자세히 보여주고 있다. 원전 앞에 설치된 방파제를 치는 파도의 하얀 물보라와 원전 앞 바다에 떠있는 작은 배, 원전 주변의 잘 정리된 푸른 나무들의 모습에서 정갈함과 고즈넉함을 느낄 수 있다. 영화의 마지막 장면은 다시 부감으로 촬영된 후쿠시마 발전소의 풍경을 보여주고 있다. 이때는 흰색의 원전 건물들을 기준으로 왼쪽으로는 푸르른 바다를 오른쪽으로는 녹색의 들판을 보여준다. 전반부와 각도를 달리하여 화면의 아래에서 위로 가로지르는 아름다운 해안선의 모습도 잘 드러내고 있다. 전반부의 것에서 변주가 있지만 역시 부감 촬영을 통해 원전이 후쿠시마 해안의 아름다움을 해치지 않으며 조화를 이루고 있음을 보여주고 있다.

〈새가 본 섬나라의 에너지 – 해안선에 위치한 일본의 원자력 발전소〉1987는 제목에서 볼 수 있듯 영화 대부분의 장면이 일본 곳곳의 해안선에 위치한 원전 주변 풍경을 부감으로 촬영한 것으로 구성되어 있다. 〈눈으로 보는 후쿠시마 제일 발전소〉와 마찬가지로 그 장면들의 상당수는 원자력 발전소 건물을 기준으로 좌우 혹은 상하로 아름답게 펼쳐져 있는 푸른 바다와 녹색의 들판·산을 드러내 보여준다. 하계에 촬영해 바다와 들판·산이 잘 대비되어 파란색과 녹색이 명확히 드러나게 했다. 가장 먼저 후쿠시마 원자력 발전소가 소개되는데 이 장면에서는 원자력 발전소를 경계로 오른편에는 녹색 들판과 산, 왼편에는 파란 바다가 위치해 있다. 이때 헬기 소리가 들려와 부감 장면들은 헬기에서 촬영된 것임을 알 수 있게 한다.

다음으로 시코쿠지역에 위치한 발전소를 찾아간다. 푸른 바다 위에 길게 늘어져 있는 녹음이 우거진 반도의 지형을 비추다 그 속에 위치한 이카타伊方원전을 줌 인으로 노출시킨다. 이후 장면에서는 이동하는 헬기 위에서 주변 지역을 촬영하며 바다와 해변의 아름다운 풍경을 보여주는데 이동 중 돌연 발전소 건물을 노출시켜 비추기도 한다. 그 다음으로는 여러 각도에서 촬영된 발전소 건물을 경계로 푸른 바다와 녹색의 들판이 위치한 장면들을 연속시킨다. 이후 사가현佐賀県의 겐카이限界원전으로 이동한다. 부감으로 촬영된 푸른 바다와 드넓은 녹지가 나타나고 녹지를 훑어가자 도시의 모습이 보인다. 연속해서 다음 장면들에서는 절벽으로 이루어진 해안가, 푸른 바다를 배경으로 한 작은 항구와 마을이 등장한다. 카메라가 드넓은 녹색의 논밭을 훑어가자 저 멀리 발전소가 나타난다. 이후 겐카이 발전소를 경계로 상단에서는 푸른 바다가 하단에는 초록의 논밭이 펼쳐져 있는 장면이 등장한다. 녹음 속에서 돌연 나타나는 원전의 모습, 바다와 논밭의 경계를 이루는 원전의 모습은 사가현의 자연풍경을 해치지 않으며 원전이 아름다운 자연환경과 조화를 이루고 있음을 감각하게 한다. 후쿠이현福井県 미하마美浜원전을 소개할 때는 오른편에는 무지개가 떠있는, 녹음과 어우러진 발전소 건물을 정면에서 보여준 후 역시 부감으로 촬영된 푸른 바다와 녹색 들판 사이 경계에 위치한 발전소 주변 풍경을 비춘다. 구불구불한 해안이 펼쳐져 있는 발전소 주변과 긴 모래 해변을 부감으로 보여주기도 한다. 역시 아름다운 자연환경과 조화를 이루고 있는 발전소의 모습을 드러내 보이고 있다.

영화는 마지막에, 예정되어 있을 뿐 아직 원전 시설이 들어서지 않은 아오모리현青森県 오오마大間지역을 소개한다. 부감으로 촬영된 이 지역의 들판은 녹음으로 우거져 있는 것이 아니라 누런색의 땅이 듬성듬성 드러나 을씨년스럽다. 원전이 위치한 지역처럼 녹색과 파란색이 대비를 이룬 정갈하고 아름다운 모습으로 비추지 않은 것이다. 이는 원전이 있는 지역과 아직 없는 지역의 자연환경을 대비시킴으로써 원전이 있는 지역의 자연환경을 오히려 더욱 아름다운 것으로 인식시켜 원전이 자연환경과 공존하고 있음을 다시 한번 느끼게 한다고 할 수 있다.

1980~1990년대에 제작된 영화들은 이전의 영화들과 달리 원

전 혹은 원전 내부의 장치들을 보여주지는 않는다. 특히 〈새가 본 섬나라의 에너지〉에서는 높은 상공에서 상당한 거리를 두고 촬영된 원전의 겉모습만을 보여준다. 이는 1960~1970년대 PR영화에서처럼 국가의 정체성 확립을 목적으로 기술을 과시하기 위해, 근접하여 촬영된 콘크리트로 타설된 거대한 원전 건물과 원전 내부의 복잡한 쇠덩이 장치가 자연과는 어울리지 않는 매우 이질적인 것이어서, 자연환경과의 공존을 드러내는 것에 방해가 되기 때문이다.

1980~1990년대 PR영화는 원전이 지역의 경제에 도움을 주는 것, 지역민의 경제 활동에 해를 끼치지 않는 것도 적극적으로 알리고 있다. 〈눈으로 보는 후쿠시마 제일 발전소〉에서는 마치 공원처럼 잘 정돈되어 있는 발전소 경내를 비춘 이후 외부의 정류장에서 버스에 올라타는 사람들을 보여준다. 이에 나레이터는 발전소의 건설과 운영은 지역민의 협력으로 가능한 것이라는 설명을 한다. 이는 버스에 올라타는 사람들이 후쿠시마 발전소로 출근하는 사람이며 후쿠시마 발전소는 지역민을 고용하여 지역 경제에 도움을 주고 있음을 알리고 있는 것이다.

〈새가 본 섬나라의 에너지〉에서 시코쿠의 이카타 발전소를 소개하는 부분의 후반부에서는 발전소 주변의 지역 특산물인 감귤밭을 부감으로 보여준다. 그리고 다시 실내 공장에서 귤을 분류하는 지역민의 모습을 비춘다. 발전소가 지역의 감귤 농사를 방해하지 않으며 상호공존하고 있음을 말하는 것이다. 후쿠이현의 미하마 발전소를 소개하는 부분에서는 멀리 원자력 발전소를 배경으로 해변에서 물놀이를 즐기는 사람들을 비춘다. 수영복을 입은 사람들의 모습을 클로즈업해 보여준 후 발전소를 배경으로 해수욕장 파라솔 아래의 피서객도 보여준다. 나레이터는 과거 반농반어업 지역에 머물렀지만 현재는 관광객이 증가하고 있다고 설명해 지역의 관광업에 원자력 발전소가 해가 되지 않음을 말하고 있다. 계속해서 영화는 배 위에서 발전소를 촬영하다 카메라를 옆으로 돌려 배에서 그물을 끌어올리는 어민을 비춘다. 이후 작업하는 어민과 그물에 담긴 생선의 모습을 클로즈업해 보여준다. 역시 발전소가 주민의 어업 활동을 방해하지 않음을 보여주고 있다.

사가현 겐카이에서는 원전 주변 마을에서 열리는 축제 풍경을 부감으로 보여준 후 축제를 즐기는 이들의 모습을 클로즈업으로 촬영해 비추고 있다. 이는 앞선 장면들처럼 지역민의 경제 활동과 연관된 것은 아니지만 원전이 지역민의 일상·문화 활동과 공존할 수 있음을 보여주는 장면이다.

물론 1980년대 이전의 원전 PR영화들이 지역을 다루지 않은 것은 아니다. 그러나 이후의 영화들만큼 지역을 비중 있게 다루지는 않는다. 또한 이후의 영화들은 지역에서의 경제 활동과 원전의 공존을 주로 다루는 것에 비해 이전의 것은 원전 건설로 인한 지역 개발을 주로 이야기한다. 대표적으로 1971년의 〈여명 2부-건설편〉에서는 원전 주변 새로 건설된 육교, 도로, 아파트를 비추며 후쿠시마에 원전이 건설됨에 따라 주변 마을이 개발되었다는 나레이터의 설명을 부가하고 있다.

앞서 언급했듯 원전 PR영화의 이러한 내용의 변화는 경제대국으로 입지를 굳힌 일본이 1980년대 이후에는 국가정체성 확립에 집착할 필요가 없었기에 가능한 것이었다. 한편 경제성장의 과정에서 발생한 환경파괴와 수도권 과밀화로 인해 일본 사회 전체에서 자연환경보호와 지역에 대한 관심이 증가한 것에도 그 원인을 찾을 수 있다. 고도성장 과정에서 다수의 환경오염 사례가 발생하고 1980년대 본격적으로 자연환경보호에 대한 관심이 증대하여 일본에서는 1993년 환경기본법이 제정되고 학교에서는 자연환경보호 교육을 본격화하였다.[19] 또한 1970년 과소지역대책긴급 조치법 제정 이후 1980, 1990년 계속해 관련법을 개정하여 지역 지원을 강화하였는데 이는 경제성장과정에서의 지역불균형 발전으로 지역에 대한 관심이 증대했음을 잘 보여준다.[20] 1986년 체르노빌 원전사고로 인해 주변 자연이 괴멸되어 전 세계적으로 원전에 대한 거부감이 증대된 것도 원전 PR영화에서 원전과 자연의 공존을 중점적으로 이야기하게 된 이유일 것이다.

19 남경희, 「일본환경교육의 전개와 고찰」, 『한국일본교육학연구』 15-2. 한국일본교육학회, 2010, 26~27면.

20 조진우, 「인구감소로 인한 지역 소멸 대응을 위한 법적 과제－일본의 「과소지역자립촉진특별조치법」을 중심으로」, 『법학논고』 68, 법학연구원, 149~156면.

4. 원전 PR영화 상영의 결과

패전과 피폭에서 오랜 시간이 지나지 않아 그 기억으로 인한 고통에 처해있을 때는 원전이 패전·피폭의 경험을 극복하게 하고 일본의 새로운 정체성을 정립할 수 있게 한다는 것, 패전·피폭의 기억은 잊혀져 갔으나 고도성장의 결과 맞닥뜨린 환경오염과 지역 소외가 사회 문제로 부각된 때에는 원전이 이 문제 해결에 도움이 될 수 있다고 말하는 것은 각각의 시기 대중에게 있어 원전의 거부감을 줄이고 오히려 그 필요성을 절감하게 하는 것이기도 하다.

제작 과정에서 상당한 자본과 기술력이 필요하여 동원 수단으로서의 영화는 국가와 기업이 일방적으로 이용하기 쉽고 영화는 선전·동원의 수단으로서 효과적이다. 특히 일본은 국가에 의한 성공적 선전영화 상영의 역사가 있었고 이로 인해 효과적인 선전 노하우를 쌓아왔기에, 관람환경을 잘 갖추어 관객으로 하여금 조용히 주시하여 영화를 감상하게 하고 원전 PR영화를 선전·동원 수단으로 능숙하게 이용할 수 있었을 것이다. 또한 각 시기 대중에게 적절히 소구할 만한 내용까지 갖추었다. 이에 학교 등 공공장소에서 상영된 원전 PR영화는 원전의 신화화에 상당한 역할을 했을 것으로 보인다.

한편, 국가나 관련기업과는 다른 입장을 가진 집단과 개인은 영화와 같은 효과적인 선전·동원의 수단을 지니기 쉽지 않으며 또한 학교 등 일정한 공간을 점유하여 폭넓은 대중에게 자신들의 주장을 전달하기 어렵다. 이에 서론에서 언급했듯 원전을 둘러싸고 후쿠시마로 대표되는 원전이 위치한 지역의 희생 문제가 크게 주목되지 못했다. 핵폐기물 처리, 핵분열 과정의 위험성만이 아니라 전력 생산과정에서 데워진 물의 배출은 원자력 발전 주변 지역의 환경을 오염시키며 원전은 출력 조절이 어려워 일국의 주된 에너지원이 될 수 없을 만큼 혁신적 기술도 아니라는 주장도[21] 후쿠시마 원전사고 이전에는 심도 있게 논의되지 못하였다. 즉, 일본 정부와 관련 기업은 원전에 대한 신화를 구축하기 위해 영화 등의 효과적인 선전·동원의 수단을 독점하였으며 이를 통해 대중에게 일방적 입장의 내용만 전달하려 했기에 이는 원전을 둘러싼 다양한 입장과 의견이 논의되지 못하게 한 중요한 원인으로 작용한 것이다.

자연재해인 대지진에 더해 불완전한 대비와 미숙한 대체로 인해 발생한 후쿠시마 원전사고라는 미증유의 대재난에 있어, 그 이전 원전을 신화화하여 그에 대한 다양한 의견들이 투명하게 논의될 수 없게 했다는 점에서 PR영화 등 원전 관련 미디어와 그 제작자의 책임이 작다고 할 수는 없을 것이다.

21 이에 대한 주장은 다카기 진자부로, 앞의 책, 32~34·76~78면에서 확인 가능.

제7장

한국의 원전 선전영상

개도국에 있어 진보, 풍요, 안전이라는 환상

1. 한국에서 원전과 선전영화

최근 한국에서 정권이 교체되는 과정에서 원자력 발전에 관한 상반된 의견들이 주장되고 이에 따른 갈등도 발생하고 있다. 한쪽에서는 원전은 알려진 것처럼 경제적이지도 환경보호에 효과적이지 않으며, 만에 하나 있을지도 모를 사고 발생 시 상상조차 힘든 엄청난 피해가 발생하기에 탈원전이 필요하다 주장한다. 다른 쪽에서는 아직까지 화석연료를 대체할 만한 확실한 에너지원은 원자력 이외는 별달리 없으며 한국이 그동안 집적해 온 기술과 수출을 통한 국가의 이익 증대를 위해 원자력 발전의 비중을 더욱 늘려야 한다고 주장한다. 정권 교체로 인해 연속성 없이 원전 정책이 180도 바뀌는 상황이 우려스럽지만 원자력 발전에 대한 다양한 의견이 주장되고 정보가 공개되며, 이 과정에서 갈등이 조정되어 갈 여지가 있다는 측면에서는 일방적 입장만 존재하는 것보다는 나은 상황이라고도 볼 수 있다.

원자력 발전에 대한 여러 의견이 주장되고 어느 정도 정보가 공개된 것은 민주화 이후 비교적 최근의 일이다. 윤순진과 오은정에 의하면 원자력기술 도입 초기 냉전이라는 국제질서와 국가에 의한 일방적 산업발전 논리, 한국의 취약한 과학기술 토대 때문에 한국의 원자력 정책 입안, 실행 과정에는 정부와 산업 관계자 등 한정된 이들만 개입할 수 있었으며 관련 정보는 폐쇄적으로 관리되었다고 보았다. 이에 일반 대중은 물론이고 학계의 관련 연구자들조차 정책에 관여하거나 관련 정보에 접근하기 어려웠다고 설명한다.[1] 민주화 이전 한국 사회에서 원전에 관한 여러 입장의 논의가 토론되기 어려웠고 관련 정보는 정부와 원자력 관련 기관이 발신하는 선전을 통한 것만이 유통될 뿐이었음을 짐작하기란 어렵지 않다.

원자력 발전소, 원자력기술과 관련해 한국에서는 주로 원자력발전 정책의 성립과 산업의 확립 과정을 다룬 연구들이 많다. 원자력기술 도입 초기 한국 원자력 정책의 성립을 다루는 윤순진, 오은정의 연구,[2] 1960년대부터 최근까지 원자력산업의 형성과 변형 과정을 검토한 홍덕화의 연구,[3] 1980년대까지 한국 원자력기술 체제의 형성을 말하는 김성준의 연구,[4] 1950~1970년대 한국 원

---

1 윤순진·오은정, 「한국 원자력 발전정책의 사회적 구성－원자력기술의 도입 초기(1954~1963)을 중심으로」, 『환경정책』 14-1, 한국환경정책학회, 2006, 64~65면.

2 위의 글.

3 홍덕화, 「한국원자력 산업의 형성과 변형－원전 사회기술체계의 산업구조와 규제양식을 중심으로, 1977~2010」, 서울대 박사논문, 2010.

4 김성준, 「한국원자력 기술 체제 형성과 변화, 1953~1980」, 서울대 박사논문,

자력 정책에 있어 미국의 절대적 영향력을 논한 이세진의 연구[5]가 대표적이다. 이외에도 한국 원자력 발전소의 위험성을 지적하는 이정주, 이필렬의 연구도 있다.[6]

이러한 상황에서 이 장에서는 원전 정책, 산업 측면이 아닌 원전에 대한 국가의 선전 활동에 주목할 것이다. 대중의 원전에 대한 인식에 큰 영향을 끼치는 국가의 원전에 대한 선전은 이전 장에서 언급한 후나바시 하루토시의 연구에서 보듯이 일본의 예처럼 한국에서도 다양하고 복잡한 방식으로 진행되었을 것으로 보인다. 실제 원전에 대한 선전을 위해 정부와 관련기관 종사자들에 의한 언론기고, 강연회 개최만이 아니라 원자력 전시회 개최, 국민학교 자연교과에서 원전 관련 교육 실시, 원자력 순회사진전 개최, 무역박람회에 원자력관 설치, 원자력 발전소 건설 후보지에 원전 PR센터 설립, 원전에 관한 작문 공모 등의 다양한 활동이 있었다.[7] 그럼에도 국가기관의 원전 선전을 분석한 것으로는 홍성태의 연구가

2012.

5 이세진, 「1950~70년대 미국의 전력변화에 따른 한국의 원자력 선택의 자립화」, 『강원사학』 35, 강원사학회, 2020.

6 이정주, 「원자력과 평화주의-일본과 한국의 경우」, 『민주법학』 5, 민주주의법학연구회, 2014; 이필렬, 「후쿠시마 원전 사고의 성격과 한국원자력 발전의 위험」, 『민주사회와 정책연구』 20, 민주사회정책연구원, 2011.

7 이에 관해서는 「원자력 전시회 개막」, 『조선일보』, 1956.9.18, 1면; 「자연교과서 개편」, 『조선일보』, 1960.8.21, 4면; 「원자력 사진순회전」, 『조선일보』, 1962.3.30, 6면; 「번영의 제전 무역박람회 쇼윈도우 (4)-원자력관」, 『동아일보』, 1968.9.19, 5면; 「원자력 혜택알려」, 『매일경제』, 1969.2.8, 3면; 「원자력 평화 이용 공모」, 『경향신문』, 1987.7.3, 7면.

거의 유일한데 그는 한국원자력문화재단이 여러 입장의 논의와 다양한 정보를 제시하지 않고 원자력 발전에 관한 긍정적 정보전달, 긍정적 이미지 만들기에만 주목하는 것을 비판적으로 검토하였다.[8] 원자력 선전에 관한 연구가 부족한 상황에서, 대중의 원자력에 대한 인식에 큰 영향을 끼치고, 국가 권력의 과학기술을 매개로 한 대중에 대한 태도, 타국에 대한 인식을 엿볼 수 있게 하는 원자력 발전의 홍보, 선전에 관한 더 많은 연구가 진행될 필요가 있다고 하겠다.

이 장에서는 한국에서 행해진 원전에 대한 선전의 일부로서 국립영화제작소 제작의 〈대한뉴스〉와 선전영상을 분석하여 민주화 직후 시기까지 정부는 대중들을 상대로 원전에 대한 어떤 이미지, 인식을 부여하려 했는지 고찰할 것이다. 또한 원전 선전영상의 내용이 언제나 동일하다고 보지 않고 시기에 따라 변화되는 양상도 검토한다. 본격적인 원전 선전영상 분석에 앞서 독재정권기 〈대한뉴스〉와 선전영상의 제작, 상영 상황에 대해서도 간략히 살펴보겠다.

당시 상영되었던 원자력 관련 〈대한뉴스〉, 선전영상은 e영상역사관www.ehistory.go.kr에서 '원자력 발전소', '원전'을 키워드로 해 검색할 수 있는 것을 분석대상으로 했다. 〈대한뉴스〉 이외 분석 대상의 선전영상은 다음과 같다. 선전영상은 대체적으로 러닝타임 10

8 홍성태, 「원자력문화재단의 활동과 문제 – 생태민주적 전환의 관점에서」, 『시민과 세계』 11, 참여사회연구소, 2007.

분이 되지 않는 짧은 분량이다. 다른 영상과 달리 〈황 노인의 나들이〉, 〈재회－원전 10년의 발자취〉은 극영화 형식을 취하고 있다.

분석대상 원자력 선전영화

제목	제작사	제작년도	러닝타임
〈기술혁신〉	국립영화제작소	1967	6분 55초
〈전기와 우리생활〉	국립영화제작소	1967	9분 9초
〈다시한번 도약을〉	국립영화제작소	1981	12분 55초
〈황 노인의 나들이〉	국립영화제작소	1987	8분 35초
〈재회－원전 10년의 발자취〉	국립영화제작소	1988	9분 18초
〈내일을 위한 약속〉	국립영화제작소	1989	8분 19초
〈원자력 발전소의 안전성〉	국립영화제작소	1991	3분 56초
〈원자력 발전소의 필요성〉	국립영화제작소	1991	4분 37초

2. 〈대한뉴스〉·선전영화의 제작·상영 상황

해방 이후 미공보원은 미국의 선진된 문화와 과학발전을 선전하기 위해 순회 영사회를 개최하였다. 특히 미공보원은 핵무기 사용국, 핵무기 대량 보유국이라는 미국에 대한 부정적 이미지를 불식시키기 위해 원자력을 새로운 과학기술로 선전하는 영화를 상영하기도 했다.[9]

한국 정부 역시 영화 혹은 영상의 높은 선전효과와 그 중요성을 잘 이해했기에 과거 공보부 산하 영화과를 독립시켜 확대 개편하

9 허은, 「냉전시대 미국의 민족국가 형성개입과 헤게모니 구축의 최전선－주한 미공보원 영화」, 『한국사연구』 155, 한국사연구회, 149~150면.

여 1961년 국립영화제작소를 설립하고 〈대한뉴스〉와 각종 선전 영화를 적극적으로 제작하였다.[10] 영화관에서 상업영화 상영 전 〈대한뉴스〉와 선전영상을 의무적으로 상영하게 하여 일관된 상영 방식을 통해 전국의 영화관에서 선전 활동을 전개하였다.[11] 〈대한뉴스〉는 뉴스 보도의 형태를 갖추고 있을 뿐 권력에 대한 감시와 비판을 통해 현재 상황을 다루지 않은 채, 주로 미래 청사진을 제시함으로써 조국 근대화 이데올로기를 대중에게 전파하고 다양한 의식계몽을 주도한 선전 수단이었다.[12] 〈대한뉴스〉는 뉴스 보도물의 형태를 취해 선전내용의 설득력을 높일 수 있으나 러닝타임이 짧아 선전내용을 상세히 전할 수 없고 딱딱한 형식이어서 관객의 흥미를 끌기 쉽지 않다. 반면 선전영상·영화는 러닝타임이 상대적으로 길어 특정 주제를 더 상세히 다룰 수 있고 기승전결의 네러티브 구조를 취할 수도 있어 관객의 흥미를 상대적으로 유발하기 용이했다. 영화관에서 상업영화 상영 전 〈대한뉴스〉와 선전영상의 순차적 상영은 양자의 각기 다른 특성을 이용하거나 단점을 보완해 선전효과를 높이기 위함이라고 할 수 있다. 나치 역시 선전 수단으로서 뉴스보도물 형식의 영상과 영화를 함께 사용하기도 하

10 마정미, 「제3공화국 프로파간다에 관한 역사적 고찰－1960년대 〈대한뉴스〉와 〈문화영화〉를 중심으로」, 『광고PR실학연구』 7-4, 한국광고PR실학회, 2014, 111~113면; 이하나, 「1960년대 문화영화의 선전전략」, 『한국근현대사연구』 52, 한국근현대사학회, 2010, 153면.

11 마정미, 위의 글, 113면.

12 박성희, 「프로파간다의 문법－버크의 드라마티즘에 기초한 1960년대 〈대한뉴스〉의 집단동기 분석」, 『한국언론학보』 53-1, 한국언론학회, 2009, 328~329면.

였는데,[13] 선전 수단으로서 뉴스보도물과 영화의 동시 이용은 한국만의 특별한 것은 아니라 할 것이다.

3. 원전 선전영상 내용

1) 원전에 의한 국가 발전

원자력 발전소의 준공은 한국 근대화의 상징으로 제시된다. 1978년 〈대한뉴스〉 1194호에서는 황토에서 기반공사 중인 고리 2호기 초기 건설과정 모습과 이후 거대한 원통형과 사각형 건물들로 구성된 고리 1호기 완공 모습을 차례로 연결해 원자력 발전소 건설 과정을 알게 한다. 이때 나레이터는 박정희 대통령의 말을 전하는 형식으로 완공된 고리 1호기는 조국 근대화의 기념탑이라 언급한다.[14] 이는 전쟁의 폐허에서 시작해 산업화를 이루어낸 한국 근대화의 과정과, 아무것도 없는 거친 황토땅에서 기반공사를 시작해 이와는 질감이 다른 매끈하고 단정한 콘크리트를 외관으로 한 거대 건물을 완공하는데 이른 원자력 발전소 건설과정을 같은 진보의 의미로 설정한 것이다. 1981년 KBS에서 제작된 〈원자

13 지그프리트 크라카우어, 장희권 역, 『칼리가리에서 히틀러로』, 새물결, 485~486면.

14 '고리원자력 발전소 준공 및 기공식', 〈대한뉴스〉 1194호, 1978.7.21.

력〉[15]에서는 거의 완공에 가까워진 고리 2호기의 모습을 보여준 후 발전소 외벽 공사 중인 월성 3호기와 기반공사 중인 7호기, 8호기를 연이어 배열해 역시 한국 근대화 과정으로서 원전 건설 과정을 역으로 보여주고 있다. 완공을 앞둔 원자력 발전소 2호기의 모습은 처음에는 그 일부만 보여주다 이후 줌 아웃하여 주변 환경과 대비를 이룰 수 있게 해 그 거대한 위용을 극적으로 드러내고 있다. 어느 정도 건설이 진행 중인 3호기의 외관을 리포터와 대비시켜 역시 그 거대함을 드러내기도 한다. 거대한 발전소의 외관을 한국 근대화의 성과와 자존심으로서 표현한 것이다.

〈대한뉴스〉 1194호에서는 박정희가 완공된 고리 발전소의 내부를 돌아본 후 고리 2호기 건설 현장을 바라보는 뒷모습을 보여주고 있다.[16] 다카시 후지타니Takashi Fujitani는 제국주의 시기 일본 천황의 마차와 그 너머 개미 떼와 같이 오와 열을 맞춘 병사들의 사열장면이 찍힌 사진을 분석하여 이 사진은 권력자의 찬란한 신체를 과시하는 것은 아니라고 말한다. 이는 천황의 병사들에 대한 응시를 드러내 그의 시선을 통한 군사력 통제를 가시화하는 것이라 보고 있다.[17] 이 장면 역시 건설 중인 원전을 배경으로 한 권력자의

15 1980년대까지도 KBS 방송 프로그램은 국가의 지시를 받아 제작되었으며 이에 국가주의, 반공의식을 고양하기 위한 내용의 것이 많았다(백미숙, 「1970년대 KBS 텔레비전 교양피디의 직무와 직업 정체성－방송 전문성 형성과 신기술, 그리고 제작정신」, 『한국언론정보학보』 60, 한국언론정보학회, 2012, 127·146면; 임종수, 「KBS 텔레비전 프로그램의 역사－국가만들기 양식」, 『방송문화연구』 23-1, 2011, 한국방송공사, 126~134면).

16 앞의 자료, 〈대한뉴스〉 1194호, 1978.7.21.

뒷모습을 드러냄으로써, 그의 신체가 아닌 원전과 그 건설과정에 대한 응시에 초점을 맞추어 그가 이를 통제하는 것을 표현하고 있다고 할 수 있다. 이러한 응시를 드러내, 원전 건설로 대표되는 한국의 근대화와 산업화를 총괄하는 박정희의 권력을 나타내고 있는 것이다.

한편 원전은 첨단과학기술임을 강조하여 원전건설을 통해 한국이 그것을 소유하여 진보하게 되었음을 드러낸다. 1987년 제작된 〈대한뉴스〉 1634호에서는 한국의 전기 100년사를 설명하면서 호롱불→최초의 전기 도입→수력 발전소 건설→화력 발전소 건설→고리 원자력 발전소 준공 순으로 한국의 전기산업이 진보해 왔다고 설명한다. 한국의 전기기술에서 원자력 발전을 가장 진보된 것으로 설정하고 있는 것이다. 이 영상의 마지막 부분에서는 각종 계기판, 모니터, 스위치로 가득한 고리 원자력 발전소의 거대한 통제실이 전시되는데,[18] 이 역시도 원자력 발전소가 첨단 과학기술에 의한 것이라는 이미지를 부여하는 장면이라 하겠다.

국립영화제작소가 1981년에 제작한 〈다시 한번 도약을〉에서는 중앙통제실 이외에도 원전 내부의 격납용기, 발전기, 터빈 같은 은색으로 빛나는 복잡하지만 깔끔하게 정리된 내부의 장치들을 보여준다. 이 역시 원자력 발전소가 거대한 쇳덩어리를 자유자재로 다룰 수 있는 첨단 과학기술로 만들어진 것임을 시각적으로 잘 드

---

17 다카시 후지타니, 한석정 역, 『화려한 군주』, 이산, 2003, 183면.

18 '전기 백년사', 〈대한뉴스〉 1634호, 1987.3.7.

러내고 있다.

자끄 엘륄Jacque Ellul은 선전은 한 사회의 고정관념, 근본적 인식을 뒤집을 힘은 없고 오히려 그것을 이용해야 효과적으로 작동될 수 있다고 하면서 이에 대부분의 선전에서는 '진보'를 찬양하고 있다고 지적하고 있다.[19] 첨단기술의 원전 건설을 통해 한국이 진보하게 되었다는 선전영화 속 묘사는, 진보는 좋기만 한 것이라는 고정관념을 이용한 것으로, 원전을 긍정적인 것으로 만들어 그 선전의 효과를 높이는 것으로 연결될 수 있는 것이다.

고리 원자력 발전소가 완공되기 전 건설, 혹은 건설 준비기의 영상들에서는 원자력기술의 발전, 원자력 발전소의 건설 과정에서는 미국의 도움이 있었음을 숨기지 않고 상세히 드러내고 있다. 〈대한뉴스〉 263호에서는 미국이 한국으로 방사성 동위원소 실험 버스를 보낸 것을 전하면서 버스 내부에서 한국 과학자들이 미국인 백인 박사로부터 지도받는 것을 보여준다. 이 영상의 후반부에는 미국인 백인 박사가 강의실에서 원자력에 관한 강의를 하는 장면을 등장시킨다. 백인 강사의 강의 장면 이후에는 이를 열심히 듣고 필기하는 한국인들의 모습도 비춰주는데 이는 원자력기술이 미국에서 한국으로 전수되고 있음을 상징하는 장면이라 할 것이다.[20] 일본원전 PR영화보다 미국으로부터의 기술의 전수를 직접

19 자끄 엘륄, 하태환 역, 『선전－순수한 신앙과 불온한 선전의 동거』, 대장간, 2012, 403면.

20 '활발한 원자과학연구', 〈대한뉴스〉 263호, 1960.5.

적으로 드러내고 있다고 할 수 있다. 1973년 〈대한뉴스〉 941호에서는 한국에서 최초로 건설되고 있는 고리 원자력 발전소의 원자로 격납용기에 대한 검사 성공 소식을 전하고 있다. 이때 건설 현장에서 안전모를 쓴 4명이 바닥에 앉아 무언가 토론하는 모습을 보여주는데 이 중 한 명은 수염이 덥수룩한 백인 남성이다.[21] 고리 원자력 건설에 미국의 원조와 협력이 있음을 드러내는 장면이다.

〈대한뉴스〉 180호는 제네바에서의 원자력 평화회의 개최 소식을 알리며 건물에 붙어 있는 자유 진영 영국, 미국 국기를 클로즈업해 보여주는 것으로 시작한다. 이후 나레이터는 "미국과 영국은 원자력기술 부분에서 괄목한 선전을 보이고 있으나 소련은 진전이 없다"고 말하고 있다.[22] 1965년 〈대한뉴스〉 510호에서는 중국의 핵실험 사실을 전하며 중국의 사례인지는 명확하지 않은, 방사능 피해를 입어 얼굴, 목덜미, 다리 피부가 변형된 사진을 보여주고 있다. 나레이터는 방사능은 인체에 직접적 피해를 주는데 그치지 않고 인간이 방사능 영향을 받은 식물, 동물을 섭취함으로써 2차 피해를 입을 수 있다고도 말한다.[23] 이상의 것들을 통해 자유 진영의 것과는 구분해 사회주의 진영의 원자력기술은 후진적이고 위험하다는 이미지를 부여하고 있는 것이다.

미국과 원자력을 매개로 협력, 원조 관계를 맺은 것을 드러냄

---

21 '이런일 저런일', 〈대한뉴스〉 941호, 1973.7.22.

22 '해외소식', 〈대한뉴스〉 180호, 1958.9.15.

23 '중공핵실험 규탄', 〈대한뉴스〉 510호, 1965.3.10.

으로써 냉전기 한국은 자유주의 진영의 일원임을 명확히 하며, 동시에 한국이 속한 자유주의 진영의 원자력기술은 사회주의 진영의 것보다 진보했다고 말하고 한국, 한국이 선택한 자유주의가 사회주의보다 발전해 있음을 드러내려 했다고 할 수 있다. 냉전 이래 한국에서는 원자력 이외에도 과학기술을 통해 한국을 자유주의 진영의 내부로 위치시키고 사회주의 국가는 열등한 존재로 설정해 한국이 선택한 자유주의 체제를 정당화하는 사례를 종종 확인할 수 있다. 대표적으로 1970년 한국의 신문 기사와 영화는 각국 최첨단 과학기술 진보 전시의 장인 오사카 엑스포에 미국, 일본, 영국 등과 함께 한국이 참여하였으나 북한 등의 사회주의 국가는 참여하지 못했음을 강조하고 있다. 과학기술이 발전한 자유 진영만이 엑스포에 참가할 자격을 얻을 수 있고 사회주의 국가들은 과학기술이 진보하지 못해 그곳에서 같이할 수 없음을 말하고 있는 것이다.[24] 그럼으로써 궁극적으로는 자유 진영의 일원인 한국의 우월함을 드러내려 했다.

고리 발전소가 완공, 가동되고 월성과 영광 등에서 원자력 발전소가 건설되기 시작한 1980년대 이후의 시점에는 더 이상 영상에서 미국으로 대표되는 자유 진영의 원조와 협력 사실은 언급되지

---

24 정충실, 「엑스포 70, 한국이 빌려온 미래」, 『문화와 융합』 43-7, 문화와융합학회, 2021, 672~673면. 한국에서는 오사카 엑스포에 사회주의 국가의 참여가 삭제되었으나 실제로는 소련, 동유럽 국가들도 참여하였다. 오사카 엑스포에 자유주의 진영 국가만 참가하여 발전된 과학기술을 과시하였던 것은 아니었다.

않는다.[25] 경제가 어느 정도 성장하여, 원조를 받는 빈국 이미지를 벗고 싶었던 것이 그 이유일 것이다. 대신 원자력기술 국산화 혹은 그 노력이 강조된다. 1994년 〈대한뉴스〉 2025호에서는 파도치는 바다를 뒤로 한 해변에 건설 중인 원자력 발전소를 비추는 장면이 등장하는데 이때 나레이터는 "한국은 원전을 국산화해 미래에너지 사업에 박차를 가하고 있다"고 설명한다.[26] 1991년 제작된 〈대한뉴스〉 1875호에서는 창원공단의 한 공장에서 원자로 제작 모습과 가운을 입고 실험하는 연구원의 모습을 보여주며 "한국중공업이 원자로 국산화에 성공했으며 이는 세계 10번째이고 수입을 대체하여 원자력기술의 해외진출이 가능하다"는 설명이 흘러나온다.[27] 이는 원조를 통해 구현할 수 있었던 첨단기술을 한국이 진보하여 스스로의 힘으로 소유하게 되었음을 적극적으로 알리는 것이다.

2) 원전에 의한 국민 개개인의 생활수준 개선

1987년 〈대한뉴스〉 1634호에서는 고리 원자력 발전소를 비추는 장면 직후 네온사인으로 빛나는 화려한 밤거리와 환한 불빛 아래 전기제품이 전시되고 있는 장면을 보여주고 있다.[28] 이러한 편

25 원자력기술과 관련해 미국의 지원을 언급하지 않음과 함께 당시 언론 기사는 원자력기술을 동남아시아, 서남아시아 국가들에 전수하는 것을 전하기도 한다(「한국 이젠 원자력 기술 전수」, 『경향신문』, 1987.6.9, 11면).

26 '원자력 발전', 〈대한뉴스〉 2025호, 1994.8.31.

27 '원자력 발전소', 〈대한뉴스〉 1875호, 1991.10.26.

집 방식은 마치 야간에도 활발히 활동하여 삶을 즐기고, 가전제품을 사용해 편리한 생활을 영위 가능하게 것이 원자력 발전에 의한 것임을 시각화한다. 원전 건설계획은 있었으나 건설 착수 전인 1967년 제작된 〈전기와 우리생활〉에서는 어두운 공간을 밝히는 전깃불, 물을 끓이는 커피포트, 음악을 들으며 냉장고에서 맥주를 꺼내 마시는 남자를 보여준다. 곧 그는 거실 소파에 앉아 가족과 간식을 함께 먹으며 단란하게 이야기를 나눈다. 이후 영화에서는 "원자력 발전소가 완성되면 우리의 삶은 더욱 윤택해 질 것"이라는 설명이 부가된다. 1960년대 누구든지 냉장고나 오디오 같은 가전제품을 소유할 수 있을 만큼 국민 생활수준이 풍요롭지 않은 시점에서, 마치 원자력 발전이 미래에는 가전제품을 마음껏 사용하는 가운데 풍요로운 라이프 스타일을 제공하고 이를 바탕으로 행복한 가정생활을 보장해 줄 수 있을 것처럼 말하는 것이다.

한국에서 어느 정도 경제 성장이 달성된 1980년대 후반 이후에는 경제적 풍요보다는 원전이 환경오염을 개선함으로써 개개인의 삶의 질을 향상시킬 수 있음을 말한다. 경제개발으로 인한 환경오염이 심화되고 그로 인한 여러 사회 문제에 맞닥뜨렸으며, 또한 민주화 과정에서 환경오염에 대한 관심이 증대해 관련 시민단체가 다수 조직되고 헌법에 환경권이 규정되는 등[29] 사회 전반적으로

---

28 앞의 자료, 〈대한뉴스〉 1634호, 1987.3.7.

29 유진식, 「환경문제의 구조화와 한국환경법-시론」, 『법학연구』 43, 전북대 법학연구소, 2015, 196~197면.

자연환경보호에 대한 관심이 증가한 것이 그 원인으로 작용했을 것이다.

1989년의 〈내일을 위한 약속〉 전반부에서는 거실에서 TV를 보는 가족이 등장한다. 그들이 걱정스레 바라보는 것은 공해 문제를 보도하는 뉴스 방송이다. 이후 석유와 석탄의 사용으로 대기오염이 심각해지고 있고 이상 기온으로 인한 해수면 상승으로 육지가 바다에 잠기며 산성비로 산림이 파괴되고 있음을 말하는 각계각층의 전문가가 등장한다. 이때 폐수로 더러워진 강, 매연을 뿜어내는 공장, 산성비로 인해 죽어 가는 나무들의 사진을 순차적으로 삽입해 화석 연료 사용으로 인한 환경오염 모습을 시각화해 제시하고 있다. 돌연 한 공학박사가 출연하여 원자력 발전은 화력발전과 달리 이산화탄소를 배출하지 않아 환경을 오염시키지 않는다고 하면서 현재 한국 혹은 지구가 처한 환경오염에 대한 해답은 원자력 발전이라고 말한다. 신뢰를 높일 수 있는 '박사' 전문가를 등장시켜 환경을 오염시키는 화석연료 대 친환경적인 원전의 이항구도를 설정한 것이다. 이러한 이항대립 구도를 통해 원자력 발전이 환경을 오염시키지 않는다는 것을 더욱 명확하게 드러내려 했다. 이후 푸르른 바다를 배경으로 깔끔한 외양으로 건설된 원자력발전소를 보여주면서 원전의 친환경성을 더욱 강조한다.

자동차가 아름다운 해변도로를 달리는 장면 이후 그 자동차 내부를 비추는 것이 영상의 마지막이다. 자동차 안에는 전반부에 등장한 환경오염 관련 뉴스를 걱정스레 바라보았던 가족들이 밝은 표정으로 여행을 즐기는 모습을 하고 있다. 이때 "보다 깨끗한 환경 속에서 안락하게 살 수 있는 길, 그 길만이 내일의 행복을 약속한다"라는 설명이 흘러나온다. 물론 여기서 깨끗한 환경 속에서 개개인의 안락한 삶, 내일의 행복을 약속하는 길은 원자력 발전을 지칭하는 것이다. 첫 장면의 뉴스 속 환경오염과 이를 걱정스레 바라보는 가족의 모습과는 대비되는 마지막 장면과 이에 대한 설명은 가족이 안녕을 유지하며 아름다운 자연을 즐길 수 있도록, 환경을 보호하고 깨끗하게 개선시킬 수 있는 것은 원전임을 다시 강조하고 있는 것이다.

1991년 〈원자력 발전소의 필요성〉에서는 김 박사라는 인물이 등장해 새소리가 들려오는 수목원을 걸으며 원자력 발전은 대기를 오염시키지 않는다고 설명한다. 이후 대기오염으로 뿌옇게 바라다 보이는 파리의 전경 장면 이후 대기 오염이 사라져 푸른 하늘 아래 에펠탑 주변, 세느강변에서 여유를 즐기는 파리 시민을 비추는 상반된 장면이 나타난다. 이때 명확한 근거도 제시하지 않은 채 파리의 대기 개선은 프랑스의 원전기술이 세계적으로 가장 앞서 있기 때문이라는 김 박사의 설명이 흘러나온다. 파리 시민의 깨끗하고 안락한 삶은 프랑스의 원전기술이 발전하여 전체 전력 생산량에서 원자력 발전의 비중이 높고 화력 발전 비중이 낮아 대기 오염물질을 많이 발생시키지 않기 때문이라는 의미이다. 프랑스의 사례 소개는 한국에서도 원전 비중을 늘려 간다면 한국인도 미래에는 파리 시민들처럼 깨끗한 대기 속에서 안락한 삶이 가능하다는 것을 말하기 위함인 것이다. 공통적으로 〈내일을 위한 약속〉, 〈원자력 발전소의 필요성〉 두 영화 모두 원전에 의한 환경오염 개선을 개인의 삶의 질 향상으로 연결시키고 있음을 확인할 수 있다.

근대 이후의 인간은 전통과 종교의 속박으로부터 벗어나 자유를 얻었으나 그 대가로 미래에 대한 예상을 상실해 항상 불안을 내재하고 있다고 할 수 있다.[30] 더군다나 개발도상국이자 동시에 휴전 국가 국민인 한국인은 더 많은 불안에 시달렸을 가능성이 높다. 이러한 상황에서 선전영화 속 경제적 풍요를 보장하면서도 자연환경보호를 통해 삶의 질 개선을 약속하는 원전은 개인에게도 매력적인 대상이 되어 대중은 이것에 더욱 애착을 가질 가능성이 크다. 개인의 풍요롭고 안락한 삶을 보장하는 원전이 애착으로 자리잡으면 이 애착이 사람들의 안녕을 위협한다 해도 쉽게 버릴 수는 없는 것이 된다. 로렌 벌렌트Lauren Berlant가 지적하듯 더 나은 미래에 대한 애착의 상실은 사람들이 무언가에 대한 희망을 품을 능력까지 파괴할 수도 있기 때문이다. 이에 그녀는 미래에 대한 낙관주의는 잔혹한 것이 수밖에 없다고 지적하기도 한다.[31]

3) 원전의 안전성

1986년 체르노빌 원전사고의 발생, 민주화 이후 사회 분위기

30 권오용, 「증오의 생산, 대상화, 정당화－프롬, 짐멜, 아도르노를 중심으로」, 『사회이론』 58, 한국사회이론학회, 414면.

31 로렌 벌렌트, 최성희 외역, 「잔혹한 낙관주의」, 『정동이론』, 갈무리, 2005, 162~164면.

변화, 1988년 국정감사 결과 원전 11·12호기 계약 시 안전성을 충분히 검토하지 않은 것의 공개,[32] 월성 원자력 발전소에서 중수 누출과 이로 인한 원자력 발전소 주변 주민들의 시위 격화[33] 등의 원인으로 인해 1980년대 후반 이후 사회적으로 원전 방사능 누출, 원전 폭발 등에 대한 우려가 커지고 이에 원자력 발전소에 대한 부정적 인식이 증가한다. 실제 1987년 갤럽 여론조사에서는 원전 건설에 대한 찬성은 74%, 원전은 안전하다는 평가는 48%가량이었으나 1989년 조사에서는 각각 58%, 26%로 감소한다.[34] 국가의 진보, 개인의 풍요를 보장한다 해도 체르노빌 원전사고에서 모두가 확인했듯 원전사고로 인해 자연환경, 생명 모든 것이 파괴되는 것은 너무나도 치명적인 것이어서, 대중들은 원전을 미래 풍요와 안락을 가져 줄 수 있는 애착의 대상에서 제외할 수도 있는 문제였다. 이에 정부는 위기의식을 갖고 1990년부터는 동력자원부 산하 원자력 관련 민간 기업들의 모임인 원자력산업위원회가 주관하던 원자력 홍보 활동을 한전, 한국전력기술, 한국원자력연구소 등 원자력 관련 기관이 모두 참여하는 적극적 방식으로 전환한다.[35] 이러한 상황에서 1990년을 전후하여 제작된 원자력 영상에서는 그

32 「원전 11호기, 12호기 도입은 명백한 잘못」, 『동아일보』, 1988.11.21, 11면.

33 「원자력발전 중수누출 알려지자 월성주민, 보상이주 요구 농성」, 『한겨레』, 1988.11.6, 11면; 「원전폐쇄 400명 시위, 한전대책 부심」, 『조선일보』, 1988.12.13, 7면.

34 「원전여론조사」, 『매일경제』, 1987.1.12, 7면; 「원전 안전성 72%가 부정적」, 『경향신문』, 1989.9.8, 7면.

35 「동자부 한전, 원전 불가피 홍보 안간힘」, 『한겨레』, 1990.3.2, 5면.

이전에는 전혀 다루지 않았던 원전의 안전성을 적극적으로 선전한다.

1987년 제작된 〈황 노인의 나들이〉는 원자력 발전소에 취업한 딸이 걱정된 황 노인이 직접 원자력 발전소를 방문하고 그 과정에서 그 안정성을 깨닫게 되는 것을 주된 내용으로 하는 극영화이다. 딸을 만나러 가는 기차에서 황 노인은 옆자리에 앉은 정장 차림의 젊은 남자와 이야기를 나누던 중 두 사람 모두 목적지가 원자력 발전소로 같다는 것을 알게 된다. 이때 이야기 주제는 원자력 발전소의 안전성에 관한 것으로 옮겨가는데 젊은 남자는 원자폭탄은 우라늄 235가 고농축된 것이어서 가공할 폭발력을 지니는 것이나 원자력 발전소에서 이용되는 연료는 우라늄 235의 비중이 2~3%에 그쳐 폭발위험이 없다고 설명한다. 이때 이를 시각화해 관객의 이해를 돕는 애니메이션 장면이 삽입되고 원전은 절대 폭발하지 않는다고 재차 강조하는 젊은 남자의 목소리가 흘러나온다.

종착역인 부산역에 내려 황 노인과 젊은 남자는 자동차를 타고 발전소로 향한다. 이때 황 노인은 발전소 주변은 방사능 수치가 높지 않느냐고 묻는다. 젊은 남자는 발전소는 방사능 검사를 수시로 하고 그때마다 자연 방사능 수치와 크게 다르지 않은 결과가 나온다며 황 노인을 안심시킨다. 돌연 해수욕장에서 피서를 즐기는 수많은 인파를 비추는데, 이는 발전소의 방사능이 전혀 인간에게 해가 되지 않는다는 이미지를 부여하는 것이다. 이후 거실에서 TV를 보는 단란한 가족과 의료 장비로 질병을 검사하는 장면을 연속시키고 이때 젊은 남자의 목소리로 "TV나 의료 장비에서도 방사능이 방출되고 있다"는 설명이 흘러나온다. 즉 별다른 문제없이 일상적으로 TV를 보고 의료검진을 받는 상황에서 자연에서와 크게 다르지 않은 발전소 주변의 방사능 수치는 걱정할 것이 못된다는 것을 말하는 것이다.

이 설명 직후 황 노인은 딸을 만나게 되고 젊은 남자가 발전소의 직원이며 딸과 교제를 하고 있다는 사실을 알게 된다. 마지막에 황 노인과 딸은 발전소의 안전을 시각화하는 발전소 주변의 푸른 파도가 치는 아름다운 해변가를 걷는다. 이때 황 노인은 딸과, 그와 동행했던 젊은 남자의 교제를 허락하는데 이는 발전소의 직원을 새로운 가족으로 맞아들일 만큼 황 노인이 원자력 발전소의 안전을 확신하는 것을 의미하는 것이다.

1988년 제작의 〈재회－원자력발전의 10주년〉의 전반부에서는 대학의 한 여교수가 원자력공사에 특강을 의뢰하여, 강사로 기술부장인 남성이 대학을 찾으며, 이때 여교수와 기술부장은 과거 연인 사이였다는 정보가 알려진다. 이후 영화는 그 남성의 강의로 구성되는데 그는 원자력에 대한 공포는 아이들이 밤을 두려워하는 것과 같이 근거가 없는 막연한 것이라고 전제하고 암반에서의 기반공사, 통제실에서의 철저한 제어, 폐기물에 대한 안전한 처리, 원자로를 둘러싸고 있는 여러 보호 장치들로 인해 원자력 발전은 안전하다는 것을 강조한다. 중간 중간 그 강의를 집중하여 듣는 학생들의 모습을 여러 차례 비춤으로써 그의 말이 신뢰할 만하다고 감각하게 하고 있다.

영화의 후반부에는 두 사람의 이별 사유가 여자의 아버지가 원폭피해자였기에 여자는 남자가 원자력 발전소에 근무하는 것에 불안과 공포가 있었고 이에 여자는 남자에게 원전에서 근무하지 말 것을 요구했으나 남자가 그것을 받아들이지 않았기 때문임이 밝혀진다. 영화의 마지막은 강의를 마친 남자가 자동차를 타고 떠나버리고 여자가 이를 쓸쓸히 바라보는 장면이다. 여교수가 다시 사랑을 이루지 못하고 혼자 남겨지는 이러한 결말 방식은, 원자력 발전의 안전을 믿지 않은 것에 대한 처벌의 의미를 지닌다 할 것이다.

1989년 제작의 〈내일을 위한 약속〉은 각계각층의 사람들을 대상으로 원전에 대해 인터뷰하는 장면들을 등장시킨다. 그중 고리원자력 발전소 주변 횟집을 운영하는 주민을 인터뷰하는 장면이 나온다. 그는 횟집 운영에는 별 문제가 없다고 말하여 주변 주민의 생계나 자연환경에 있어 방사능 피해가 없음을 증언하고 있다. 고리원자력 본부 제2발전소장이 방사능 문제는 걱정할 것이 없다고 인터뷰할 때 원전을 배경으로 잔디밭에서 축구하는 이들의 모습을 삽입해 원전에 대한 안전한 이미지를 만들어 내려 하고 있다.

1991년 제작의 〈원자력발전소의 안전성〉 역시 여러 사람들을 인터뷰 한 것을 그 주된 내용으로 하고 있다. 발전소의 어느 직원은 원자력 발전소가 위험하다면 과학자들이 여기서 근무하겠냐고 말해 원자력 발전소의 안전성을 과학자의 존재를 통해 말하고 있다. 계속해서 발전소 주변 주민은 살아가는데 아무 문제가 없고 아이들도 잘 자라고 있다고 설명한다. 이때 원전 주변 유치원에서 뛰노는 아이들 장면을 삽입하는데, 그 아이들은 원자력 발전소 안정성을 보증하는 존재로서 등장하는 것이다.

1994년 〈대한뉴스〉 2025호에서는 원자로 모형을 보여준 후 그림으로 원자로나 원료를 둘러싸고 있는 피복관, 압력용기, 차폐콘크리트, 강철격납용기, 콘크리트 건물을 시각화하여 5중 보호막으로 원자력 발전소에서의 방사능 누출을 막고 있음을 설명하고 있다.[36] 흔히 선진국으로 여겨지는 유럽과 미국의 원뿔형, 원통형, 직육면체 등 매끈하면서도 거대한, 원전 발전소 외관을 보여주면서 한국의 발전소와 유사한 구조를 취하고 있는 선진국의 발전소에서 방사능사고는 전무하다고 이야기하고 있다. 이는 선진국의 사례를 동원해 한국 원자력 발전소의 안전성을 말하는 것이다. 그러나 미국의 스리마일 섬 원전 사례 등 서구에서도 크고 작은 사고가 있었던 것에 비추어 보면 서구에서 방사능 누출사고가 없었다는 것은 거짓 정보이기도 하다. 냉전 시기의 원전 관련 선전영상처럼 기술 원조를 통한 서구, 자유 진영과의 친연성을 드러내지는 않으나 한국의 원전기술과 서구의 것은 유사한 것임을 드러내 그 안전성을 보증받으려 한 것이다.

〈황 노인의 나들이〉, 〈재회－원전 10년의 발자취〉에서는 구체적인 설명 없이 한국 원자력 발전소는 체르노빌 발전소와 근본적

36 앞의 자료, 〈대한뉴스〉 2025호, 1994.8.31.

으로 다르다며 한국에서는 체르노빌에서와 같은 사고를 걱정할 필요가 없음을 전하기도 한다. 이와 관련해 한 신문의 기사에서는 소련은 생산성을 위해 안전 장치는 무시해도 된다는 전체주의적이고, 생명과 관련된 과실조차 은폐할 수 있는 폐쇄적 사회인 것이 체르노빌 사고의 원인이라 지적하고 있다.[37] 이는 원자로나 원전기술의 차이를 통한 과학적 설명이 아니라 냉전질서가 약화되어 가는 시기에도 한국 사회에 만연해 있는 사회주의 국가에 대한 편견을 사고의 원인으로 연결한 것이다. 서구는 진보되어 있으며 비서구 국가는 후진적이라는 진보사관의 편견이 당연시되는 상황에서 서구와의 유사성, 사회주의 국가와의 차이를 드러내 손쉽게 한국원전의 안전성을 보증받으려 한 것이라 할 수 있다. 선전 속 이러한 편견은 개인이 복잡한 사회를 이해하기 위해 힘들게 노력하는 것, 진실과 마주하게 되는 고통을 줄여주는 편리한 것이기도 하다.

원자력 발전의 안정성을 강조할 때 원자력 발전소 건설 반대 시위, 폐기물 불법 매립 의혹에 대한 시위 등은 매우 부정적인 것으로 그려진다. 〈원자력 발전소의 안전성〉에서는 원자력의 안정성에 대한 각계각층의 인터뷰를 마친 인터뷰어가 돌연 "모든 문제를 집단행동으로 해결하려는 사고와 행동이 우리나라의 장래를 어둡게 하고 있다. 보다 긴 안목으로 나보다는 우리 국가를 생각하는 민주

37 「소련의 핵발전 사고」, 『조선일보』, 1986.5.1, 3면.

시민의 모습을 보여달라"라고 강변한다. 원전 안전성에 의문을 제기하는 생각이나 행동 자체를 절차를 무시한 집단행동, 나라의 장래를 어둡게 하는 요인, 비민주적인 행동으로 매도해 원전 안전성에 대한 의문을 금기시하고 있는 것이라 할 수 있다. 1994년의 〈대한뉴스〉 2032호에서는 "핵발전소 건설 저지 결의대회"라고 쓰인 현수막을 들고 두건을 두른 채 행진하는 사람들을 노출시킨 이후 다음 장면에서는 조잡하게 붉은 글씨로 "핵발전소 건설반대"가 쓰여진 핵미사일 모양의 대형 풍선과 그 주위 어지럽게 나뒹구는 쓰레기가 보여진다. 이 장면들은 원전 반대자들에게 대화가 통하지 않고 사회 규범을 지키지 않는 일방적이고 과격한 집단 이미지를 부여한다. 이때 "원전의 폐기물에 대한 막연한 불안의식과 집단이기주의로 원전 폐기물 처리장 부지 선정조차 못하고 있는 실정"이라는 설명도 부가된다.[38] 원전에 대한 의문을 제기하거나 정부와는 다른 생각을 가지고 행동하는 이들은 집단이기주의자로 매도하고 국가 사업 진행의 훼방꾼 정도로 치부하고 있는 것이다.

프로파간다에서는 흔히 선전자와 반대되는 입장을 가진 이들을 적, 증오의 대상으로 설정하여 피선전자로 하여금 선전자가 주장하는 바의 입장에 가담하는 것을 정당한 것으로 감각하게 한다. 그리고 그 가담을 통해 공유의 욕구를 충족하게 하며 집단 속에 녹아들게 해 고독 없이 안정감을 느끼게 한다.[39] 민주화 이후 원전 선전

38 「원자력 폐기물 종합 시설」, 〈대한뉴스〉 2032호, 1994.10.19.

39 자끄 엘륄, 앞의 책, 206~212면.

영화에서는 원전건설 반대자를 적으로 설정하여 단순하고 강렬하게 그들을 데모꾼, 집단이기주의자, 민주주의의 걸림돌로 전환시킨 것이다. 냉전기 이래 원전과 관련해 사회주의 국가의 것을 후진적으로 설정하는 것과 함께 원전건설 반대론자에 대한 증오심을 부추기는 것은 원전에 대한 긍정적 인식을 정당화하며, 원자력 발전 옹호자를 쉽게 결속시킬 것이다.

4. 원전 선전영상 상영의 결과

오셔네시는 모든 선전의 원동력은 유토피아적 비전의 제시와 그것으로 인해 발생하는 설득력이라고 하였다.[40] 이상을 통해 한국의 원전 선전영상에서도 진보, 풍요, 안전이라는 환상에 근거한 유토피아적 비전이 제시되고 있음을 확인하였다.

한편, 원전 선전영화는 원전을 긍정적인 것으로만 그리나 그 세부 내용에는 시기적으로 변화가 있었다. '진보'의 측면에서는 원전 가동 이전과 달리 이후에는 미국의 기술 원조가 언급되지 않았고, 원자력기술의 국산화가 주로 설명되었다. '풍요'의 측면에서는 경제성장, 민주화 이후부터 환경오염 개선과 이로 인한 삶의 질 향상이 이야기된다. '안전'의 측면은 그 이전에는 전혀 언급되지 않다

40 니콜라스 잭슨 오셔네시, 박순석 역 『정치와 프로파간다』, 한울아카데미, 2009, 16면.

가 민주화 이후 시기부터 언급되어 이때 국내의 원전건설 반대론자들은 적으로 추가된다. 1980년대 이후 원전 선전영상의 내용에 변화가 있었음을 확인할 수 있는데, 이는 본격적인 원전가동 이외 민주화, 경제 성장 등 한국 사회의 변화가 반영된 것이었다.

한국 역시 당시 많은 자본과 숙련된 기술이 요구되는 영화·영상 제작은 주로 국가와 자본에 의해서 가능한 것이고 영화관 등 영화·영상의 상영 공간 역시 국가와 자본만 주로 점유할 수 있는 것이다. 영화와 영상의 제작과 상영은 국가와 자본에 의해서 가능하여 다른 의견을 가진 단체나 개인은 접근하기 힘들고 더구나 영상과 영화 속 원자력에 대한 정보는 한쪽의 입장을 대변한 일방적인 것이었기에 이는 원전에 대한 다양한 논의와 정보 공유를 어렵게 한 요인으로 작용했다고 볼 수밖에 없다.

그러나 원전 선전영상이 관객으로 하여금 원전을 긍정적인 것으로 받아들일 수 있도록 정교하게 제작되었다 하더라도 그것이 언제나 피선전자인 관객에게 국가 혹은 제작자가 의도한 것에서 어떠한 오해나 오역 없이 그대로 온전하게 전달되었다고 간주할 수는 없다. 1장에서 살펴보았듯이 영화 속 가상 세계를 실제적인 것으로 감각하고 영화의 선전효과를 높이기 위해서는 관객을 고립시켜 스크린 속 영상이 관객에게 직접 말 건다고 느끼게 해야하며 동시에 이것이 만들어진 환영임을 은폐하는 조건을 갖추어야 하기 때문이다. 1차 자료의 부족으로 이 글에서는 원전 선전영화 수용의 실제를 밝히지는 못했지만 1980년 이전 춘천 외곽 영화관의 사례를 통해 수용 양상의 일부를 어느 정도 추정해 볼 수 있다. 시설이 좋고 조용히 영화를 주시하는 관람방식을 체득한 관객이 주로 출입하는 시내 고급 영화관과는 달리 춘천의 외곽지역 영화관은 영화관 시설이나 스크린에 영사되는 영상의 질이 나빠 관객이 영화 속 가상 세계에 통합되어 전체 관객이 동질적으로 영화를 수용하기 쉽지 않은 조건이었다. 춘천의 성매매 여성들의 거주지 주변에 위치한 영화관에서는 어둠 속에서 남녀 간의 신체접촉, 만남이 행해지기도 하여 영화에만 집중하지 않는 관객이 많았다. 또한 춘천 외곽 영화관을 방문한 영화 경험이 별달리 없는 주변 농촌으로부터의 관객은 영화를 제대로 이해하지 못하고 영사기술을 신기해하며 영화를 보았다.[41] 춘천 외곽 영화관 관객은 산만하게 놀거나 영사기술에 매혹된 채 영화를 본 것이다. 해방 이후 영화관의 증가, 영화관 시설의 개선, 관객의 영화 경험 증대로 인해 한국의 관객은 점점 영화 속 가상 세계에 통합되어 동질적인 방식으로 영화를 수용해갔겠지만 시설이 좋지 않고 특수한 이들이 모여드는 일부 영화관에서는 그러지 못해, 원전 선전영상으로 인한 선전 효과는 크지 않았을 가능성이 존재하는 것이다.

일본의 원전 PR영화에서는 원전이 개인의 삶을 풍요롭게 하며 국가의 발전에 기여하는 등 원전에 의한 유토피아적 비전을 제시했다는 점에서는 한국의 것과 유사하다. 그러나 일본은 세계 유일

41 정충실, 「춘천의 극장에서 영화보기－관람 양상의 다양성(1960, 70년대)」, 『영상문화』 37, 한국영상문화학회, 2020, 250~255면.

의 원자폭탄 피폭국이기에 초기부터 선전영화에서는 원전기술의 안전성이 강조되었다는 점에서 한국의 것과는 차이를 보인다. 그 안전성은 일본 선진기술의 상징으로 설정되었다. 또한 한국의 것은 1980년대 이후에도 원전을 통한 국가발전을 중요하게 다루나 일본의 것은 이를 언급하지 않고 원전과 자연·지역과의 조화를 주로 다룬다는 차이를 보인다. 이는 이미 경제대국으로 성장한 일본에서는 한국과 달리 더 이상 국가발전이 지배적 담론이 아니기 때문일 것이다. 한국과 달리 일본의 선전영화는 사회주의 국가를 열등한 존재, 증오의 대상으로서 설정하지 않는다는 차이도 보인다. 일본은 냉전의 최전선에서 한발 물러나 있었고 이로 인해 사상의 자유가 폭넓게 보장되어 있어[42] 사회주의 국가에 대한 반감이 한국보다 덜했던 것이 그 이유일 것이다.

42 마루카와 데쓰시, 장세진 역, 『냉전문화론—1945년 이후 일본의 영화와 문학은 냉전을 어떻게 기억하는가?』, 너머북스, 2010, 125면.

1. 지역과 영화 관람

영화는 특정 공간에 많은 사람들이 모여 집단 관람하는 것이기에 관객은 영화 수용에 있어 그 공간의 영향을 지대하게 받을 수밖에 없다. 현재의 멀티플렉스 영화관과 달리 상영·관람환경이 획일화되어 있지 않은 시기 관객은 특정 영화관의 설비와 공간상의 특징, 영화관이 위치한 지역적 특성에 영향을 받아 관람 양상은 다양하게 존재할 가능성이 크다.

더욱이 무성영화 시기, 혹은 유성영화로의 전환기 영화는 관객을 영화 속 가상 세계에 통합하는 양식을 제대로 갖추지 못했고 영화 상영과 함께 변사·악단의 공연이 병존했으며, 영사 장치들은 스크린의 영상을 명확하게 전달하지 못해서 관객은 조용히 영화를 감상하는 것 이외 다양한 방식으로 영화를 관람할 여지가 컸다. 대화를 나누거나 음식을 먹는 등 놀면서 영화를 관람하기도 하고 영상을 만들어 내는 영사기술을 신기해하며 그것에 마음을 빼앗겨 영화를 관람하기도 하였다. 영화 관람 중 조용히 영화를 감상하는 것 이외 다양한 행동을 취할 수 있었기에 영화관에 많은 군중이 집합한 상황에서 관객은 집단 정체성을 강화하기도 하며 권력에 대한 저항 행위를 할 수도 있었다. 이에 많은 선행 연구들은 무성영화기, 유성영화로의 전환기 소란스러운 방식의 영화 관람,[1] 영사기술에 매료되는 방식의 영화 관람,[2] 영화관에서의 민족·인종·여성 정체성의 강화와 영화관에서의 저항[3]에 대해 설명하고 있다.

무성영화기, 유성영화로의 전환기 다양한 방식의 관람 양상에 대해서는 상당한 연구가 진행되었지만 그 이후의 시기 다양한 방식의 영화 관람에 대해서는 그다지 주목되지 않고 있다. 이는 영화관에서의 사운드의 등장을 전후해 영화는 관객을 영화 속 가상 세계에 통합하는 영상 스타일을 획득했으며 상영·관람 시설은 균질화되어 스크린이 발하는 시각·청각 정보를 관객에게 온전히 전달할 수 있게 되면서, 관객은 영화 속 가상 세계에 통합되는 방식으로만 영화를 관람하게 되었다고 전제했기 때문이다. 그러나 이후에도 상영·관람환경은 획일화되지 않았으며 관객은 조용히 영화를 감상할 수 없거나 그러길 원하지 않아 다양한 방식으로 영화를 관람할 가능성이 존재한다.

이러한 상황에서 이 장에서는 1960~1970년대에도 한국의 관

---

1 여선정, 「무성영화시대 식민도시 서울의 영화 관람성 연구」, 중앙대 석사논문, 1999.

2 Tom Gunning, "An Aesthetic of Astonishment : Early Film and the (In)Credulous Spectator" *Art and Text* 34, 1989.

3 Judith Thissen, "Jewish Immigrant Audiences in New York City, 1905~1914", *American Movie Audience : From the Turn of the Century to the Early Sound Era,* London : BFI, 1999; Miriam Hasen, *Babel and Babylon : Spectatorship in American Silent Film,* Cambridge, Mass : Harvard University Press, 1994, 1~25면; Mary Carbin, "The Finest Outside the Loop : Motion Picture Exhibition in Chicago's Black Metropolis, 1905~1928", *Silent Film,* New Brunswick, Rutgers University Press, 1996.

객은 다양한 방식으로 영화를 관람했다고 보고 이를 춘천지역의 영화관에서 확인하려 한다. 춘천은 미군 주둔지이자 강원도청 소재지이기에 도시 규모가 크지 않음에도 여러 특징을 지닌 지역들로 구분되어 있었고 1970년대 중반 TV 보급 이전 영화 흥행업이 성황을 이루어 다양한 성격의 영화관들이 들어서 영화 관람의 다양성을 살펴보기 좋은 지역이라 할 수 있다. 구체적으로 이 장에서는 영화관이 위치한 춘천 특정 지역의 특성이 상영·관람환경과 관객의 영화 관람에 끼친 영향, 이로 인해 존재한 다양한 영화 관람의 양상에 대해 주목하려 한다.

지역적 특징이 상영·관람환경과 관객의 관람 양상에 끼친 영향에 주목한 선행 연구로는 사사가와 게이코笹川慶子의 연구를 들 수 있다. 이 연구는 유성영화로의 전환기를 대상으로 한 연구이기는 하지만 오사카와 도쿄 영화관의 영화 상영 스타일, 관객 성향, 영화관이 위치한 유흥가의 성격 차이가 양지역에서 특정 영화에 대한 흥행 차이를 낳는 것에 대해 설명하고 있다.[4] 저자의 연구도 무성영화기, 혹은 유성영화로의 전환기 도쿄와 경성 각 지역의 영화 상영·관람환경, 영화 관람 양상이 동일하다고 보지 않고 각 도시 내부에서 차이가 있다고 본다. 구체적으로 유흥가 방문객의 신체 감각 차이, 혹은 관객 구성의 차이 등이 영화 상영·관람환경과 관

4 笹川慶子, 「『折鶴お千』と道頓堀興行」, 『観客へのアプローチ』, 森話社, 2011, 357~384면.

람 양상의 차이로 연결되는 것을 설명하였다.[5]

이상의 연구를 참고하여 이 글에서는 먼저 춘천 주요 번화가의 지역적 특징을 살펴본다. 이후 이것이 각 지역에 위치한 대표적인 두 영화관에서의 상영·관람환경과 관람 양상의 차이를 낳게 하는 것을 알아볼 것이다.

1차 자료로는 『강원일보』와 『춘천시통계연보』 등 지역의 문헌 자료를 이용할 것이다. 그러나 관객의 관람 양상과 영화관의 상영 환경 등을 구체적으로 보여주는 문헌 자료는 매우 부족한 실정이다. 이를 보완하기 위해 1960~1970년대 춘천에 거주하여 당시의 영화관을 기억하는 12명의 춘천 시민을 대상으로 구술조사를 행하였다. 12명의 구술조사 대상자들은 다음과 같은데, 일부 대상자들은 신원을 밝히길 꺼려해 조사대상자의 이름은 모두 가명으로 표기하였다.

이름(가명)	면담일	출생년	성별	(퇴직 전) 직업	출생지
정두식	2018.11.26	1952	남	교사	춘천
황준성	2018.11.26	1942	남	블루칼라 노동자	화천 (1958년부터 춘천 거주)
변정순	2018.12.10	1950	여	주부	춘천
이일수	2018.12.12	1940	남	교사	춘천
정영준	2018.12.13	1952	남	화가	가평 (1970년대 초반부터 춘천으로 출근)
채충일	2018.12.14	1946	남	교사	춘천

5 정충실, 『경성과 도쿄에서 영화를 본다는 것 – 관객성 연구로 본 제국과 식민지의 문화사』, 현실문화연구, 2018.

이름(가명)	면담일	출생년	성별	(퇴직 전) 직업	출생지
최구영	2018.12.17	1947	남	캠프페이지 복지단 소속 직원	인제 (1971년부터 춘천 거주)
김문호	2018.12.18	1939	남	블루칼라 노동자	춘천
조갑수	2018.12.20	1951	남	경찰	전주 (1976년부터 춘천 거주)
이형식	2020.8.13	1942	남	공무원	춘천
연규훈	2020.8.20	1953	남	교사	춘천
최범수	2020.8.21	1953	남	상인	춘천

2. 춘천의 도시 구조

1) 행정중심가로서의 중앙로 일대

춘천은 한국전쟁을 거치며 폐허가 되다시피 했다. 전후에는 이 폐허를 판자집이 급격하게 채워나갔다.[6] 이러한 상황에서도 1953년 강원도청이 춘천의 봉의산 중턱에 다시 들어서고 강원도청 아래 남쪽 방향으로 뻗은 중앙로 일대 대화재를 계기로 판자집 건립이 규제되면서 이 지역은 재정비된다. 또한 춘천은 댐건설로 인해 1960년대와 1970년대 호경기를 맞는다.[7] 재정비와 호경기로 인해 1960, 1970년대 중앙로 일대는 도시화가 진행된다.

춘천 시가지도에서 확인할 수 있듯이 강원도청 바로 동쪽 옆에

6 박원식, 「각도시 풍토기 13, 회고의 도시 춘천」, 『신천지』 9-9, 서울신문사, 1954, 76면.

7 춘천시·춘성군, 『춘주지』, 강원일보사, 1984, 399면.

8 최범수 씨의 구술과 위의 책, 400~425면을 참고하여 재구성한 것이다.

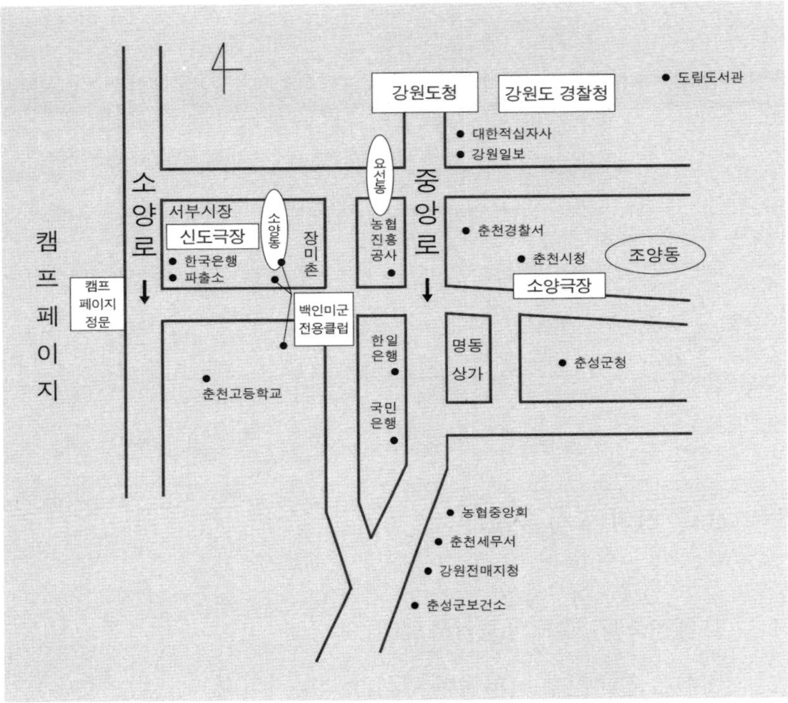

〈그림 1〉 춘천 시가지도[8]

강원도 경찰청이, 다시 그 옆에 도립도서관이 들어섰다. 강원도청 아래 중앙로 주변에 대한적십자사, 강원일보, 춘천경찰서, 춘천시청, 농업진흥공사 등이 위치한 것을 알 수 있다. 춘천시청 아래 남쪽 편으로 도로를 건너면 명동 상가거리가 있고 그 아래는 농협중앙회, 춘천세무서, 강원전매지청, 춘성군 보건소가 위치해 있다. 이 건물들은 대체적으로 1960, 1970년대 2층 이상의 철근콘크리트 양식으로 건설되었다.[9] 강원도청과 강원도 경찰청은 봉의산 중턱

9 위의 책, 400~425면.

에 위치한 탓에 춘천시청, 춘천경찰서 등의 행정기관보다 높은 곳에 위치해 있었다. 이는 다른 행정기관을 지휘하고 감시하는 강원도청과 강원도 경찰청의 위치를 시각화하는 것이기도 했다. 또한 강원도청은 중앙로가 끝나는 지점의 가운데에 위치해, 길게 뻗은 중앙로를 지나는 사람들은 여러 행정기관을 관할하는 듯한 강원도청의 위용을 확인할 수 있었다.

시가지도에서 확인할 수 있듯이 중앙로를 기준으로 동쪽에 도서관, 경찰서, 세무서, 보건소, 전매청, 강원일보 등의 행정, 공공기관이 집중되어 있음을 확인할 수 있다. 이들 행정, 공공기관은 강원도와 춘천의 교육, 행정, 금융, 납세, 경찰, 언론 업무를 수행하는 기관이었다. 중앙로 동편, 춘천 시청과 농협중앙회 사이에는 명동이 있었다. 김문호 씨에 의하면 명동에는 옷가게 등의 상가, 빵집, 다방, 호프집이 주로 있었고 중고등학생과 대학생 등 젊은층과 중상류 계층의 출입이 많았다고 한다.

중앙로 서쪽 편 요선동 주변 지역에는 몇몇 은행과 공사 등이 들어서기도 했지만 변정순, 김문호, 김영주 씨에 의하면 이곳에는 공공기관 공무원들이 이용하는 식당, 술집, 다방, 유흥업소, 시장이 위치해 있었다. 이에 변정순 씨는 당시 요선동을 공무원들이 먹고 마시는 지역이라고 표현하기도 하였다.

이상을 통해 중앙로를 기준으로 동쪽지역에 공공기관이 주로 분포해 있어 이 지역에서 권력이 집행되고 주요정보가 유통되었음을 알 수 있다. 서쪽 편에는 식당과 유흥업소 등이 위치해 있어 권력 집행과 정보 유통에 관여하는 이들의 기본적 욕구가 처리되었다. 물론 동쪽에도 명동이라는 상가, 유흥가지역이 있었다. 서쪽의 요선동, 요선시장에는 유흥업소, 술집, 식당이 주종이었던 것과는 달리 명동 상가거리에는 빵집, 호프집, 다방, 옷가게 등이 주종이었다. 명동의 방문객은 요선동의 방문객보다 상호간 신체접촉이 적었으며, 주로 이야기를 나누거나 물건을 구입하는 등의 정제된 형태로 소비를 즐긴 것이다. 중앙로 동쪽 명동에 젊은층, 중상류층 중심의 번화가가 조성된 것은 조양동 등의 상류층 거주지, 효자동의 신개발 주택지, 대학이 춘천의 동쪽 편에 위치해 있었던 것도 중요한 이유이다.

2) 기지촌으로서의 소양동 일대

중앙로 서쪽에 공공기관과 젊은층을 위한 세련되고 정제된 형태의 상점가가 들어서기 힘들었던 것은 멀지 않은 곳에 미군기지인 캠프페이지가 위치한 것도 중요한 이유였다. 캠프페이지와 중앙로 사이, 요선동 서쪽 편에 위치한 소양동에는 미군을 위한 유흥·상업 시설들이 몰려 있고 미군을 상대로 성매매하는 여성을 지칭하는 '양공주',[10] 그리고 상인들이 거주하는 기지촌이 형성되어

10 미군상대 성매매 여성을 지칭하는 용어로는 '미군 위안부', '양색시', '양갈보' 등이 있지만 이 논문에서는 구술자들이나 당시 문헌들이 가장 일반적으로 사용한 '양공주'를 그대로 사용하겠다. 당시의 소양동 거주자였던 이일수, 채충일, 최범수 씨 등은 당시 '양공주'를 동경의 대상으로, 혹은 역사의 희생자로서 동정어린 시선으로 바라보기도 했다. 미군 상대 성매매 여성을 비하할 목적으

있었다.

〈그림 1〉에서 보이듯이 소양동에는 집창촌인 장미촌이 형성되어 있었다. 장미촌에서 남쪽으로 길을 건너면 백인 미군만이 출입할 수 있는 클럽이 있었다. 장미촌 서쪽 방향으로도 백인 미군 전용 클럽이 있었다. 역시 최범수 씨에 의하면 백인 미군 전용 클럽 주위에는 이들을 상대하는 식당 등의 상점이 모여 있었다고 한다. 1960~1970년대는 전력사정이 좋지 않아 밤이 되면 중앙로와 명동 일대는 칠흑같이 어두워졌음에도 불구하고 이 지역에는 네온사인 등의 전기 불빛이 반짝거려 춘천에서 가장 화려한 공간이 되었다고 한다. 클럽에는 소속 '양공주'들이 대기하고 있었고 미군들은 그녀들과 술을 마신 후 성매매를 할 수 있었다. 백인 미군 전용 클럽 서쪽으로는 캠프페이지를 사이에 두고 '양공주'들의 거주지가 형성되어 있었으며 그 주위에는 우체국, 한국은행, 파출소 등이 위치해 있었다. 또한 이곳에는 '양공주'들을 상대로 하는 옷가게, 미용실도 다수 존재했다. 우체국과 한국은행 북쪽으로는 서부시

로 '양공주'라는 용어를 사용하지 않은 것이다. 또한 정충실의 「춘천, 기지촌―1960, 70년대 캠프페이지와의 관계 속에 형성된 주민의 삶과 문화」에서는 일방적 피해자에 그치는 것이 아니라 능동적으로 자신의 삶을 개척하고 사회질서에 저항한 존재로서 '양공주'에 주목하고 있다. 이와 관련해 랑시에르는 피해로부터 구제받고 교육받아야 할 존재로 노동자를 설정하는 것이 아니라 능동적으로 사유하며 자신의 삶을 적극적으로 개척해 가는 존재로 인정하는 것에서 노동자의 해방이 시작된다고 보았다. 랑시에르에 따른다면 여성, '양공주'의 해방 역시 피해자로서만이 아니라 그녀들을 능동적이고 적극적으로 사유, 행동하는 존재로 인정할 때 시작되는 것이다(자크 랑시에르, 양창렬 역, 『해방된 관객』, 현실문화, 2016, 31~35면).

장이 있었는데 이 주위에는 의암호 선착장, 버스정류장 등이 위치해 있어 소양동 주민만이 아니라 춘천 근교의 농촌 주민들도 이곳을 자주 방문했다. 최범수 씨에 의하면 '양공주' 거주지 남쪽에 위치한 춘천고등학교 아래 지역에는 흑인 미군만 출입할 수 있는 클럽이 있었다. 춘천고등학교를 기점으로 그 북쪽에는 주로 백인들이 비교적 좋고 화려한 시설에서 유흥을 즐겼고 남쪽에서는 흑인들이 그보다는 못한 시설에서 유흥을 즐겼다고 한다. 또한 캠프페이지 영내에 기거하지 않는 미군들 중, 춘천고등학교를 기점으로 남쪽에는 흑인, 북쪽에는 백인이 주로 거주하여 거주지 또한 인종별로 분리되어 있었다.

소양동 일대는 미군을 위한 지역이었으며 미국 흑백 차별의 질서가 그대로 옮겨져 재현되는 등 미국질서가 지배하는 공간이기에 한국의 공권력이나 한국의 질서가 닿기 어려운 지역이기도 했다. 또한 1966년까지 한국에서는 미군에 대한 어떠한 지위 규정도 제정되지 않아 미군은 별다른 제한 없이 특권을 누렸으며, 1966년에서야 제정된 '한미행정협정'은 미군의 행위를 최소한으로 규제하는 등[11] 한국과 미국 사이 극도로 불평등한 관계도 미군이 주로 활동하는 소양동 일대에서 한국 공권력이 침투하는 것을 어렵게 했다. 소양동 주민들은 미군 폭력에 시달리고 미군기지로부터의 소음피해, 미군 주둔으로 인한 각종 규제에 고통받기도 했지만 한국

11 김일영·조성열, 『주한미군』, 한울아카데미, 2003, 84~85면.

공권력이 닿기 어려운 상황을 이용해 미군의 범칙물자를 은밀히 거래하기도 하고[12] 청소년들은 뒷골목 곳곳에서 미군이 버린 포르노잡지를 주워 몰래 판매하기도 했다.[13] '양공주'들도 기본적으로 한국 사회의 가부장적 시선과 미군의 폭력에 시도 때도 없이 시달려야 했지만 소양동에는 한국 공권력과 사회질서가 닿기 어렵다는 것을 이용해 한국 남성을 희롱하기도 하고 그들에게 욕설을 퍼부을 수도 있었다.[14] 또한 일부 여성은 빈곤에서 벗어날 목적이 아니라 외국인과 사귀면서 한국의 가부장 질서에서 일탈하여 자유를 얻기 위해 소양동을 찾아 스스로 '양공주'가 되기도 했으며[15] 이들은 한국 사회에서는 금지된 과감한 애정행위를 이곳의 길거리에서는 자유롭게 행하기도 했다.[16]

소양동 일대는 한국의 공권력과 가부장적 질서가 닿기 어려웠기에 이곳을 방문하는 이들과 이곳에 거주하는 이들은 지배질서와 권력으로부터 일탈하여 억압된 욕망을 자유롭게 표현할 수 있었던 것이다. 욕망이 자유롭게 발산되는 공간이었지만 한편으로 조갑수, 변정순, 채충일 씨에 의하면 소양동 일대는 춘천 시민에 있어 가서는 안 될 위험한 지역, 가고 싶지 않은 지역으로 인식되기도 했다. 한편 소양동이라는 한정된 위험지역에서만 행해져야

12 「외래품 암매 성행」, 『강원일보』, 1968.3.14, 3면.
13 「여울-소년들이 음화 전문상」, 『강원일보』, 1971.6.3, 3면.
14 「윤락녀 행패」, 『강원일보』, 1971.8.2, 3면.
15 「외인상대 위안부 10대 급증」, 『강원일보』, 1964.5.28, 3면.
16 김창남, 『나의 문화 편력-기억과 이미지의 역사』, 정한책방, 2014, 16면.

할 문란하다고 여겨지는 행위들, 대표적으로 성매매 행위들이 경계를 넘어 인접한 지역으로 확산되어 행해질 때 춘천 시민들은 극도의 불안감을 내보이기도 했으며 공권력은 소양동 이외에서 행해지는 성매매 행위를 강력하게 단속하기도 했다.[17] 반면 소양동은 위험한 지역이라 인식될 뿐, 주변 지역으로 위험한 행위들이 파급되지 않는다면 소양동에서 행해지는 대부분의 행위들은 묵인되었다. 소양동은 공공기관이 밀집한 중앙로에서 걸어 10~20분이면 당도할 수 있는 지역이었지만 춘천 시민들에게 그저 위험한 지역으로 버려져 있었던 것이다. 이러한 버려짐은 소양동지역을 춘천 전체에서 고립시키는 것이기도 했지만 한국의 지배질서와 권력으로부터 소양동에서 살아가는 사람들에게 일정 정도의 자유를 부여하는 것이기도 했다.

중앙로를 기준으로 동쪽지역과 서쪽지역소양동은 가까운 거리임에도 불구하고 각각 공식적이고 건전한 공간 / 위험한 일탈의 공간으로 명확하게 분리되어 있었던 것이다.

---

17 「문란해진 밤거리」, 『강원일보』, 1965.9.16, 2면; 「윤락녀 15명 구류—적선지대 밖에서 매매 행위」, 『강원일보』, 1964.8.16, 3면.

3. 춘천의 극장

1) 영화관의 분포

1960년대 중반까지 춘천에는 6개의 영화관이 존재했다. 시청 주변에 소양극장<그림 1>에 표시, 명동에 문화극장, 중앙시장 남쪽 방향으로 길 건너에 중앙극장, 춘천경찰서 부근에 제일극장, 소양동 서부시장 남쪽에 신도극장<그림 1>에 표시, 서부시장 북쪽에 아세아극장이전 극장명 동보극장, 천일극장이 위치해 있었다. 영화관의 객석 수를 보면 소양극장이 800석, 문화극장과 중앙극장이 각각 600석, 500여 석 정도였다. 제일극장은 400석, 신도극장과 아세아극장은 300석이었다.[18] 1960년대 후반에는 춘성군청 동쪽 편에 900석 규모의 육림극장이 들어섰고 1970년대 초에는 효자동 남쪽, 시가지에서 꽤 멀리 떨어진 곳에 400석의 남부극장이 들어섰다.[19] 남부극장을 제외하고 소양동에 2개의 영화관, 중앙로 근처에 5개의 영화관이 있었음을 알 수 있다.

최구영, 정두식, 채충일, 정연준, 이일수 씨 등 많은 이들은 육림극장이 최고급 영화관이었으나 육림극장이 들어서기 이전에는 소양극장이 춘천에서 가장 좋은 영화관이었다고 말하고 있다. 또한 공통적으로 제일극장과 함께 소양동에 위치한 신도극장, 아세아극장 그리고 효자동에 위치한 남부극장은 상영영화의 질이나 시

18 춘천시, 『춘천시통계연보』, 춘천시, 1965, 41면.

19 춘천시, 『춘천시통계연보』, 춘천시, 1973, 157면.

설이 좋지 않은 영화관이었다고 말하였다. 대체적으로 영화관의 규모가 클수록 좋은 시설의 고급스러운 영화관, 영화관의 규모가 작을수록 나쁜 시설의 영화관이었음을 알 수 있다.

최범수 씨에 의하면 소양극장은 최신 영화가 상영되는 개봉관이었고 신도극장, 아세아극장은 개봉관에서 공개되어 꽤 시간이 지난 필름이 상영되는 재개봉관이었다. 영화관의 등급에 따라 관람료의 차이도 있었다.[20] 최창섭의 수필에 의하면 당시 모든 춘천 시민들이 재개봉관에서라도 부담 없이 영화 관람을 즐길 만큼 영화 관람료가 저렴했던 것은 아니었다.[21] 그럼에도 1965년 한해 춘천의 총영화관객 수는 124만 명 가량이었다.[22] 당시 춘천 전체 인구는 19만 명 정도였기에 시민 일인당 년 7회 가까이 영화를 관람한 것이 된다. 따라서 누구든 쉽게 영화를 보지 못했으나 경제적 여유가 있는 사람은 자주 영화를 관람하였음을 알 수 있다.

2) 소양극장에서 조용히 주시하며 영화보기

소양극장은 철근 콘크리트 건물이었고 좌석 역시 일인석을 구비하고 있어[23] 관객이 외부의 소음이나 다른 관객의 방해 없이 상영되는 영화에 집중하여 관람하게 하는 조건을 갖추고 있었다. 개봉관이어서 제작완료 후 얼마 지나지 않은 영화가 상영되어 스크

20 https://kishe.com/yung65/13516/118601; http://cafe.daum.net/ccsyh/2h9i/790
21 최창섭, 『춘천의 옛풍경 – 시간의 편린 머무는 시선』, 강원일보사, 2014, 29면.
22 춘천시, 『춘천시통계연보』, 춘천시, 1966, 52면.
23 춘천시, 『춘천시통계연보』, 춘천시, 1965, 53~54면.

린에 비춰지는 영상 역시 선명했다. 황준성 씨에 의하면 당시 소양극장에는 냉난방 장치도 갖추어져 있었다고 한다. 이는 더위와 추위의 방해 없이 관객이 영화에 집중하게 할 수 있는 조건을 제공하는 것이었다. 여름철 냉방 장치가 가동되었다는 것은 문, 창문을 열지 않고도 영화 상영을 가능하게 하여 이 역시 외부로부터 소음 방해 없이 영화를 관람하게 하는 것이다. 정영준 씨에 의하면 소양극장은 다른 영화관에 비해 설비 개선 등의 수리도 자주 행해졌다고 한다. 실제로도 804석이던 소양극장의 좌석이 1976년에는 594석으로 대폭 축소되었음을 확인할 수 있는데[24] 이는 좌석 간의 간격을 넓히는 설비개선 공사가 행해졌음을 알 수 있게 한다. 이에 소양극장은 한국전쟁 직후 춘천에서 가장 먼저 건설되었음에도 불구하고 당시를 살아간 사람들은 소양극장을 개장한지 얼마 되지 않은 듯 깨끗했다고 기억하였다.[25]

이형식, 이일수, 최범수 씨에 의하면 소양극장에서의 영화 관람은 주요 데이트 코스였다고 한다. 이는 연인들이 특별한 시간을 보내도 좋은 만큼 소양극장이 좋은 시설과 분위기를 제공했기 때문이다. 유현옥의 연구에서 당시 소양극장에 자주 출입했던 한 구술자는 소양극장에서는 학생들의 단체관람이 많았다고 말하고 있다.[26] 반면 정두식 씨에 의하면 신도극장, 아세아극장 등의 영화관

24 춘천시, 『춘천시통계연보』, 춘천시, 1977, 175면.

25 https://kishe.com/yung65/13516/118601

26 유현옥, 『춘천의 근대거리를 거닐다—1960~70년대 춘천의 일상문화』, 문화통신, 2015, 163면.

에서 단체관람은 행해지지 않았다고 한다. 이는 소양극장의 시설이 좋을 뿐만 아니라 다른 영화관보다 안전한 공간으로 인식되었기에 중고등학생의 단체관람이 허용된 것이다.

최구영, 이일수, 이형식 씨에 의하면 소양극장 관객은 중상류층 이상의 젊은 관객이 많았다고 한다. 중상류 이상의 관객이 많았던 것은 관람료가 고가였고 영화관 주변에 조양동 등의 부촌이 위치해 있었던 것이 중요한 이유일 것이다. 젊은 관객이 많았던 것은 이 극장에서 멀지 않은 곳에 대학과 효자동 등의 신주택지가 위치해 있으며 젊은이들이 많이 찾는 명동거리가 인접해 있었기 때문이다.

앞서 살펴보았듯이 소양극장에서는 화질이 좋은 최신영화를 다른 관객, 추위·더위, 외부소음 방해 없이 집중하여 관람할 수 있었다. 이에 경제적으로 여유가 있는 한 조용히 집중하여 영화를 관람하고자 하는 관객들은 소양극장에 몰릴 수밖에 없었을 것이다.

실제로 채충일, 이형식 씨 등은 소양극장은 다른 극장과 달리 조용히 집중해 영화를 관람하는 분위기였다고 설명한다. 이러한 조건과 분위기 탓에 변정순, 최범수 씨 등은 다른 영화관에 비해 소양극장에서 본 영화를 잘 기억하고 있었다. 소양극장에는 영화에 집중할 수 있는 조건이 구비되어 있고 영화에 몰입해 감상할 수 있는 관객이 주로 출입했기에 이형식 씨는 소양극장은 영화를 잘 알고 이해하는 사람이 찾는 영화관이고 신도극장이나 제일극장 등의 재개봉관 영화관은 "막영화"나 보는 사람이 간다는 인식이 춘천 주민들 사이에 공유되고 있었다고 설명한다. 출입하는 영화관에 따라 고급 취향의 관객과 그렇지 않은 관객으로 춘천 관객은 어느 정도 구분되어 있었음을 알 수 있다.

소양극장의 관객이 조용히 집중해 영화만을 감상한 것은 영화관이 위치한 지역적 특성에서도 그 이유를 찾을 수 있다. 소양극장 남쪽 편 바로 길 건너에 위치해 있던 명동 상가거리에는 옷가게, 다방, 빵집, 호프집이 위치해 있어 요선동이나 소양동처럼 떠들썩하게 신체접촉하며 유흥을 즐기는 공간이 아니라 상호간 거리를 지키며 물건을 사거나 이야기를 나누는 공간이었다. 이러한 신체감각을 지닌 명동 방문객은 자연스레 영화 관람을 위해 가까운 소양극장을 찾아, 거리를 유지하며 조용히 영화를 관람했던 것이다. 또한 소양극장이 위치한 중앙로 동쪽과 그 주변에는 도청, 시청, 경찰서, 언론사, 도서관 등 강원도의 주요 행정기관이 위치해 있는 곳이었다. 그곳의 경찰과 공무원이 영화관을 찾았고 그들에 의해 감시될 가능성이 높은 상황에서 관객은 영화를 관람하는 행위 이외 어둠을 이용해 소란스러운 행동을 하기가 쉽지 않았다. 이에 당시를 살아간 한 여성은 소양극장의 분위기가 '엄숙'했다고 표현하고 있다.[27] '엄숙'에는 그 분위기가 딱딱하고 불편하다는 의미를 내포하고 있다. 행정, 공공기관이 바로 주위에 위치하여 소양극장에서는 조심스럽게 행동해야 했기에 소양극장의 분위기를 엄숙하다라고 표현한 것이다. 춘천의 재개봉관에서는 본 영화 상영 전 〈대

27 유현옥, 앞의 책, 159면.

한뉴스〉와 선전영화 상영이 생략되기도 했지만 소양극장에서는 엄숙한 분위기 속에서 본 영화 상영 전 애국가 제창이 있고 이후 〈대한뉴스〉와 선전영화가 반드시 상영되었다.[28] 본 영화 상영 전 애국가 제창과 〈대한뉴스〉·선전영화의 상영은 관객들로 하여금 공공기관에 둘러싸여 있는 소양극장의 위치와 이로 인해 절제된 행동을 해야 함을 다시 한번 인식하게 했다.

소양극장은 공공기관 밀집지역에 위치해 있기에 공공기관 주관의 공식적인 행사가 자주 개최되기도 했다. 특히나 당시에는 강당과 같이 많은 인원이 집합할 수 있는 대규모 실내 공간이 부족해 공공기관은 소양극장에서 공식 행사를 개최한 것이다. 구체적으로 1967년 2월에는 중앙정보부 춘천대공분실 주최의 강원도내 군관민 협조기구 통합회의, 1975년 5월에는 문화공보부와 KBS 주최 시민위안 공연이 소양극장에서 개최되었다.[29] 1960년대부터 춘성군과 춘천시 공무원으로 근무했던 이형식 씨는 춘성군과 춘천시의 새마을운동 행사를 주로 소양극장에서 개최했다고 이야기한다.

소양극장에서는 상업영화를 대신해 장편의 선전영화가 상영되어야하는 공간이기도 했다. 대표적으로 춘천시는 1969년 8월 28일 예정된 야당의 삼선개헌 반대 집회에 많은 군중이 모이지 못하

---

28 김창남, 앞의 책, 126면.

29 「전도인사가 총출동」, 『중앙일보』, 1967.2.22, 3면; 「전국서 시민위안의 밤 인기 탈런트 출연」, 『경향신문』, 1975.5.10, 5면.

도록 소양극장에서 〈속팔도강산〉양종해 감독, 김희갑 주연과 〈오늘의 한국〉이라는 선전영화를 '무료' 상영하였다.[30] 선전영화에서 의도한 바를 제대로 전달해 영화 상영의 효과를 높이고, 야당 주최 집회진행을 방해하기 위해 되도록 많은 군중을 영화관으로 유인하기 위해서는 상영·관람 시설이 좋은 영화관에서의 상영을 선호할 수밖에 없기도 했다. 당일 춘천시는 강원도의 지시에 따라 소양극장 측에, 원래 예정된 영화 상영을 취소하고 선전영화 상영을 강제했다. 소양극장은 선전영화 상영에 따른 어떠한 대가를 받지도 못한 채 이 명령을 따라야 했다.[31]

〈속팔도강산〉은 '세계를 간다'라는 부제에서도 알 수 있듯 영화의 주인공인 김 노인이 해외여행하며 한국 경제발전의 모범이 되는 근대화에 성공한 나라들의 발전상을 소개하는 영화이다. 당시 영화제작자들은 자본과 인적자원의 부족으로 해외 로케이션 촬영을 쉽게 할 수 있는 상황이 아니었다. 그러나 국가가 제작한 이 영화는 근대화에 성공한 미국, 독일, 이스라엘 등 해외의 발전된 도시·아름다운 농장의 풍경과 그 발전의 대가로 국민들에게 주어진 풍요로운 소비·여가 생활을 선명한 컬러 필름으로 담아 관객의 시선을 사로잡고 있다. 또한 한국보다는 경제발전이 뒤처진 우간다의 병원에서 헌신하는 한국인 의사와 간호사의 모습을 소개하고 있다. 역시 베트남에서도 건설과 의료에 종사하는 한국인을 보여

30 「수라장된 심야 법사위」, 『경향신문』, 1969.8.29, 3면.
31 「신민 유세날에 극장 무료」, 『중앙일보』, 1969.8.29, 3면.

준 후 베트남전쟁에 참전하고 있는 김 노인의 아들도 소개하고 있다. 영화는 세계 여행을 마치고 한국으로 돌아오는 비행기 안 김 노인의 시선으로 한국의 산과 들 사이로 놓여진 고속도로를 보여준다. 이는 한국에서도 근대화가 진행되고 있음을 시각화하는 것이다. 김 노인은 한국에 도착해 여독이 남아있음에도 일터인 한의원 영업을 시작하고 이로써 영화는 끝이 난다.

이 영화는 근대화에 성공한 서구와 그렇지 않은 우간다·베트남 사이에 한국을 위치시키면서 한국이 따라야할 모델은 빌딩으로 가득찬 도시를 건설하고 척박한 땅을 개척해 아름다운 농장을 일구어 근대화에 성공한 서구의 국가들임을 말하고 있다. 이를 위해 대중들은 근면하게 노동해야 하며 그 대가로는 서구 국가의 국민들처럼 풍요로운 소비와 여가 생활이 주어질 수 있다는 것도 보여준다. 해외여행 이후 여독이 채 풀리지 않은 상태에서 김 노인이 한의원 영업을 강행하는 영화 마지막 장면은 근면의 의미를 다시 한번 강조하는 것이기도 하다. 또한 영화는 우간다와 베트남 같이 한국보다 발전되지 못했다고 여겨지는 국가들에게는 의료, 건설 등의 선진기술을 전수해야 하며 공산세력의 침략으로부터 보호해야 한다고 말하고 있다. 이는 한국은 비서구 국가에게는 모범의 대상이 되기도 하며 자유 진영의 수호자 역할도 해야함을 말하고 있다. 이 영화는 당시 권력의 냉전적 사고와 개발독재의 시책을 정당화하는 선전영화라 할 것이다.

영화는 일반인의 해외여행이 거의 불가능한 시절 세계 곳곳의 화려한 볼거리를 선명한 컬러 영상으로 전시할 뿐만 아니라 술시중 드는 게이샤를 앞에 두고 잔이 작다며 사발로 술을 들이키는 등 김 노인이 익살스럽게 행동하는 장면을 곳곳에 삽입하고 있다. 이외에도 하와이에서 훌라춤 공연과 미국에서의 이미자의 공연 장면도 제법 긴 시간 동안 노출시킨다. 같이 상영된, 국립영화제작소가 1969년 제작한 〈오늘의 한국〉은 공산권 국가의 부정적 모습과 북한의 도발 움직임, 이에 대한 한국의 준비태세 영상을 단순히 나열하고 있는 영화인데 반해 〈속팔도강산〉은 1960년대의 민간 영화사와는 비교되는 않는 국가의 우월한 자본과 인적자원, 국내외 네트워크를 통해 관객이 흥미를 유지한 채 영화 속 가상 세계에 통합되도록 하는 장치들을 잘 갖춘 영화인 것이다.

한편 상영 예정되어 있었으나 당국의 선전영화 상영 명령으로 상영 취소된 영화는 1969년작 〈홍길동장군〉유용수 감독이라는 애니메이션 영화이다. 왕이 홍길동을 장군으로 임명하고 무술에 뛰어난 홍길동은 조선왕조를 적국의 침략으로부터 지켜낸다는 내용이다. 홍길동과 그를 따르는 군대가 당시의 군사정권을 연상시키기는 하지만 수많은 난관 속에서 홍길동은 오랑캐를 무찔러 나라를 지키며 임무를 완수한 이후 연인과 결혼해 고향으로 돌아간다는 단순한 네러티브 구조를 지닌 극영화이다. 단순한 네러티브 가운데 영화에서는 오랑캐 장수들과 홍길동 휘하의 무사들이 일 대 일 무술 대결을 벌이는 장면, 대규모 전쟁 장면을 길게 보여주는 등 다양한 스펙터클을 전시하고 있어 이 영화는 관객이 흥미진진하게 즐길 수 있는 내용으로 채워져 있다고 할 수 있다.

정부에 대한 야당의 규탄 집회 개최를 방해하기 위해 상업영화 상영을 갑자기 취소하고 무료 선전영화를 상영한 탓에 당시 신문 기사에 의하면 진귀한 국산 애니메이션을 구경하기 위해 극장 앞에 몰려왔던 어린이들은 관람하지 못한 채 되돌아가야 했다고 한다. 대신 춘천시는 각동의 반장들을 호별방문하게 해 주민들을 상대로 선전영화 무료 상영을 알리고 영화 관람을 독려했다. 이에 하루에만 8천여 명의 관객이 소양극장에 쇄도했다고 한다.[32] 국가의 자본과 우수한 기술을 투입해 관객이 흥미진진하게 볼 수 있는 선전영화를 상영했던 것도 관객 쇄도의 이유였을 것이다. 하루에만 상당한 수의 관객이 소양극장에 모여들었기 때문에 야당집회에 대중들의 참석을 막기 위한 권력의 선전영화 상영 목적은 어느 정도 달성되었다고 할 수 있을 것이다.

중앙로 동쪽에 위치한 소양극장은 기본적으로 조용한 상업영화 감상의 공간이었지만 공공기관 밀집지역에 위치해 있고 좋은 시설의 영화관인 탓에 공공행사를 개최하고 선전영화를 상영해야 하는 권력 집행의 공간으로 회수되곤 했던 것이다.

3) 신도극장에서 산만하게, 혹은 매혹된 채 영화보기

최범수 씨에 의하면 캠프페이지 정문 바로 앞에 위치한 신도극

32 「신민 유세날에 극장무료」, 『중앙일보』, 1969.8.29, 3면.

장은 판자집의 형태였다. 신도극장은 대로변에 위치해 있고 입구 쪽을 제외하고 관람 공간은 외부에 바로 접해 있었다. 목조 건물인 것에 대해 복도나 홀 등을 통하지 않고 바로 외부와 접해있는 구조의 영화관에서는 영화 상영 중 외부 소음이 차단되기 어렵다. 또한 황준성 씨에 의하면 신도극장에서 난방 장치는 난로 정도였고 냉방 장치는 별달리 없었다고 한다. 관객은 영화 관람 중 더위와 추위로 인한 고통을 느껴야 해서 이는 관객의 영화 감상을 방해하는 요소로 작용할 수밖에 없다. 냉방 장치가 없는 상황에서 많은 사람이 집합한 여름에는 바람이라도 통하게 하기 위해 영화관의 문을 열어 둘 수밖에 없었기에 여름철이면 더욱 소음의 방해를 받으며 영화를 보아야 했을 것이다. 『춘천시 통계연보』에 의하면 신도극장의 좌석은 벤치식이었음을 확인할 수 있다.[33] 최구영 씨도 1970년대에도 신도극장의 좌석 상태는 열악했다고 말한다. 이로 인해 신도극장에서는 다른 관객과의 신체접촉, 옆자리 관객이 내는 소리 등의 방해 없이 영화를 보기가 쉽지 않았을 것이다. 최범수, 채충일 씨에 의하면 신도극장에서는 위생 시설, 환풍 시설이 좋지 않아서 화장실 악취, 사람들의 체취 등의 냄새도 많이 났다고 한다. 영화관에서 영화에 몰입하여 제대로 영화를 감상하기 위해서는 스크린에서 발하는 시각과 청각 정보만 감각할 수 있게 하는 조건이 마련되어야 한다. 신도극장에서는 추위와 더위, 소음, 다른 관객

33 춘천시, 『춘천시통계연보』, 춘천시, 1958, 53~54면.

과의 신체접촉, 악취 등 영화와 관계없는 많은 정보들을 감각해야 해서 안락하게 영화에 빠져들기 쉽지 않았던 것이다.

이외에도 소양극장과 같은 개봉관과 달리 재개봉관인 신도극장에서는 1회 상영에 2편 이상의 영화가 연속해서 상영되었고 영화관 측에서는 1회 상영시간을 줄이고 1일 상영회수를 늘려 더 많은 관객을 받아 수익을 더 많이 얻기 위해 임의로 일부 장면을 삭제한 채 러닝타임을 단축하여 영화를 상영하였다.[34] 또한 재개봉관이다 보니 신도극장에서 상영되는 필름은 이미 다른 영화관에서 여러 번 상영되어 여기저기 손상이 되어 있을 수밖에 없었다. 이에 이일수 씨에 의하면 필름에 난 상처 때문에 신도극장 스크린의 화면은 "비가 내리는 듯"하였다고 한다. 또한 최구영 씨에 의하면 신도극장은 음향 시설도 좋지 않았다. 신도극장은 관객으로 하여금 영화가 발하는 시각과 청각정보만을 느끼게 하는 관람환경을 갖추지 못했을 뿐만 아니라 영화가 발하는 시각과 청각정보를 관객에게 전달하는 영사 장치도 완벽하게 구비하지 못한 셈이다. 역시 신도극장에서는 영화 속 가상 세계에 통합되는 것이 쉽지 않았음을 다시 확인할 수 있다.

아울러 소양극장에서는 본 영화 상영 전 〈대한뉴스〉와 선전영화가 반드시 상영되었는데 연규훈 씨의 구술과 김창남의 글에 의하면 신도극장에서는 이것이 생략되는 경우도 있었다고 한다.[35]

---

34 유현옥, 앞의 책, 164면.

35 김창남, 앞의 책, 126면.

이는 소양극장은 공공기관이 집합한 지역에 위치해 있고 춘천 최고의 영화관이기에 항상 감시하에 놓여있어 권력의 대중에 대한 선전, 동원 수단인 〈대한뉴스〉와 선전영화 상영을 생략하기가 불가능했던 반면 신도극장은 국가 권력이 잘 닿지 않는 지역인 기지촌에 위치해 있으며 권력의 관심 밖에 놓이기 쉬운 재개봉 영화관이었기에 이것의 생략이 가능했던 것이다.

신도극장은 기지촌과 '양공주' 거주지 주변에 위치한 만큼 변정순, 성호일, 연규훈 씨 등 많은 이들에 의하면 관객으로는 '양공주'들이 많이 입장했다고 한다. 앞서 언급했듯 신도극장의 영화 관람료도 일반인이 부담을 가지지 않을 만큼은 저렴하지 않았지만, 미군을 상대하여 상대적으로 많은 현금을 지니고 있었던 '양공주'들은 빈번하게 거주지 주변의 신도극장에 출입할 수 있었던 것이다. 또한 '양공주'들은 미군이 퇴근하는 6시 이후에야 일을 나서기에 낮 동안의 지루한 시간을 보내기 위해 영화관을 자주 찾았다. 검진증을 발급받지 않아 당국으로부터 미군을 상대로 한 성매매 허가를 얻지 못한 '양공주'들은 미헌병, 경찰 등의 감시와 주민들의 따가운 눈총을 피해 대낮에도 어두워서 감시가 어려운 신도극장에 몸을 숨기기도 했다.[36]

최범수, 최구영 씨에 의하면 신도극장에는 극장 구경을 위해 찾아온 농촌 주민 관객들도 많았다고 한다. 이는 당시 시외버스 정

---

36 「문란해진 밤거리」, 『강원일보』, 1965.9.16, 2면.

류장과 의암호 선착장이 소양동 주변에 위치해 있었고 근처 서부 시장을 찾는 농촌 주민들이 많았기 때문이다. 정두식, 연규훈 씨에 의하면 소양동은 위험한 지역이라는 인식 때문에 학생들의 출입이 많지 않았다. 반면 소위 '불량학생'들은 이러한 상황을 이용해 자신들의 용기와 특별함을 과시하기 위해 신도극장에 자주 출입하였다고 한다. 반면 신도극장에서는 외화가 상영되지 않았기에[37] 최범수 씨에 의하면 미군이 출입하지는 않았다.

영화에 집중하지 않은 채 신도극장의 관객은 소란스럽게 영화를 보았다. 최범수, 이형식, 정두식 씨에 의하면 신도극장의 관객들은 이야기를 나누고 깔깔거리며 여기저기 이동하면서 영화를 보았다. 영화 상영 중의 이야기 소리, 웃음 소리가 거슬렸던 일부 관객은 되레 조용히 하라고 더 큰 소리를 지르기도 해서 종종 싸움이 일어나기도 했다고 한다. 채충일, 김문호 씨에 의하면 밤이면 신도극장에서는 영화 상영 중에도 사람을 찾는 방송이 많았다고 한다. 방송으로 찾는 사람은 대부분 '양공주'였다고 하는데 이에 채충일 씨는 신도극장에서 사람 찾는 방송이 있을 때면 으레 '양공주'를 부르는 손님이 찾아왔겠지라고 생각했다고 한다. 이렇게 소란스러운 공간에서 관객이 영화에 집중하기란 쉽지 않았을 것이다.

소란스러운 분위기 속에서 이야기도 나누고 집중하지 않은 채 여러 가지 것들을 즐기며 산만하게 영화를 보았기에 신도극장의

37 춘천시, 『춘천시통계연보』, 춘천시, 1964, 30면; 춘천시, 『춘천시통계연보』, 춘천시, 1965, 41면.

관객은 1회 상영 이후에도 퇴장하지 않고 반복해서 영화를 보는 것이 일상적이었다고 한다.

변정순 씨는 “건전하지 못한 사람들”이 간다는 인식이 있는 신도극장에서는 남녀관객이 신체접촉을 하였다고 말하고 있다. 특히 신도극장에는 ‘양공주’가 많았기에 ‘양공주’와 남자 관객들 간의 신체접촉이 많았다고 한다. 정두식 씨는 소란스러운 분위기 속에서 불량학생들은 ‘양공주’에게 장난을 걸어 신체접촉을 시도한다고 이야기한다. 여성들이 먼저 신체접촉에 적극적으로 나서기도 했다고 한다. 채충일와 김문호 씨에 의하면 분냄새가 심한 신도극장에서 영화를 보고 있으면 ‘양공주’들이 짧은 머리를 한 학생의 머리를 쓰다듬고 말을 걸기도 했다고 말한다. 뒷자리에 앉아 있던 ‘양공주’가 팔을 뻗어 남성관객의 몸을 만지기도 했고 옆자리의 ‘양공주’는 남성관객의 사타구니에 손을 집어넣기도 했다고 한다. 김문호 씨는 ‘양공주’가 아닌 여성들도 남자와 신체접촉하고 “남자를 꼬시기”위해 영화관을 찾기도 했다고 말하고 있어 여성관객은 신도극장에서 당시의 억압적 사회질서에서 일탈하여 일시적이기는 하나 남녀관계에서 있어서 주도권을 행사했음을 알 수 있다.

채충일 씨는 신도극장에서는 집중해서 영화를 볼일이 없다고 하여 피치 못할 상황 때문에 집중하지 못하는 것이 아니라 애초에 집중해 영화를 감상하는 것 이외의 여러 욕구를 충족할 목적으로 신도극장에 출입하였다고 말한다. 즉 웃고 떠들고 이성과 신체접촉 하는 등 다양한 것을 즐기기 위해 신도극장에 출입한 것이다.

관객이 산만하게 영화를 보는 것에 그치지 않고 여성관객이 남성관객에게 신체접촉을 시도하고 남성을 희롱하는 등 신도극장에서는 기존 한국 사회의 가부장적 질서에서는 허용되지 않는 행위가 행해졌음을 알 수 있다. 신도극장에서 이것이 가능했던 것은 영화에 집중하지 못하게 하여 영화감상 이외 다른 행위를 가능하게 하는 나쁜 상태의 필름, 영화관의 열악한 설비 등이 중요한 요인일 수 있다. 그러나 무엇보다 신도극장은 국가 권력이 닿기 어려운 미군기지 주변과 춘천 주민이 위험하다고 생각하여 되도록 출입을 피하는 유흥 환락가인 기지촌에 위치해 권력의 감시, 타인의 시선, 사회 도덕으로부터 어느 정도 자유로울 수 있었던 것이 관객이 자유롭게 사회 질서에서 일탈하게 할 수 있는 중요 요인으로 작용한 것이다.

이러한 상황에서 영화관의 어둠은 타인의 시선으로부터 자유를 부여하는 것이기에 신도극장의 관객이 기존의 사회질서에서 쉽게 일탈할 수 있게 하는 또다른 요인이 되었다. 영화이론가들은 영화관의 어둠은 관객을 다른 관객들로부터 고립시켜, 일인석, 관객의 머리 뒤에 놓여 노출되어 있지 않은 영사기, 관객을 영화 속 가상 세계에 통합시키는 카메라 움직임·편집 등과 함께 스크린의 영상이 만들어진 것임에도 불구하고 관객으로 하여금 이를 실제인 것처럼 믿게 하여, 영화에 빠져들게 하는 한 요인이라고 말한다.[38] 그러나 이는 상영환경이나 영화텍스트가 관객을 영화 속 가상 세계에 통합시키고 영화에 빠져들게 하는 조건을 제대로 구현하고 있으며 관객은 영화 속 가상 세계에 통합될 능력을 가지거나 이를 원할 때만 가능한 것이다. 그러한 조건이 제대로 갖추어져 있지 않을 때 신도극장에서처럼 영화관의 어둠은 오히려 타인의 시선에 구애받지 않으며 영화에 집중하지 않은 채 영화 감상 이외의 다른 행동을 자유롭게 행할 수 있도록 하고 나아가 사회적 질서에서 일탈하게 하는 요인으로 작용할 수도 있다. 또한 영화관에 여성, '양공주'들이 '집합'한 상황도 여성들이 혼자일 때보다 두려움 없이 사회질서로부터 쉽게 벗어나게 하며 그 일탈의 쾌락을 공유하고 증폭시켜 다른 일탈 행동도 쉽게 시도하게 만든다. 영화관 특유의 '어둠'과 '집합'이라는 조건이 기지촌의 다른 어느 공간에서보다 당시의 강고한 사회질서로부터 쉽고 담대하게 벗어나게 하는 것이다.

1930년경 일본의 어느 제사製絲공단지대에 위치한 영화관은 주말이면 여공들로 들어차 여공들은 영화관에서 영화를 보면서 거침없이 그녀들의 고통스런 노동현실을 토로하고 그녀들을 옥죄는 통제에 대한 불만의 감정을 표현하고 공유할 수 있었다.[39] '어둠'과 비슷한 처지에 놓은 사람들의 '집합'관람이라는 영화관의 조건이 관객의 일탈을 넘어선 저항의식의 공유로 연결된 것이다. 이에 이 글에서는 규명하지 못했지만 신도극장에서도 양공주들은 '어둠'과 '집합'을 이용해 일탈을 넘어 저항의식을 공유했을 가능성도 있

38 대표적으로 J. L. Baudry, "Ideological Effect of the Basic Cinematographic Apparatus", *Film Quartery* 28-2, 1974·1975.

39 龍田出,「地方小都市農村と小唄映画」,『新興映画』1929-11, 新興映画社, 46면.

었다 할 것이다.

앞서 언급했듯 신도극장에는 농촌 관객들도 많았다. 텔레비전도 보급되지 않고 사는 곳에 영화관도 들어서지 않아 영상을 잘 이해하지 못하는 농촌 관객의 영화 관람 양상과 영화에 익숙한 춘천 시민들의 영화 관람 양상에는 차이가 있을 수밖에 없다. 장대연의 수필에는 1960년대 춘천시 인접 춘성군 한 마을에 잠시 들른 순회영사업자의 가설극장에서의 관람 양상을 기록하고 있다. 가설극장 스크린에 비치는 배우의 입모양과 확성기에서 들리는 말소리도 맞아들지 않고 확성기의 소리가 울려서 대사를 알아듣기 어려웠다고 한다. 스크린의 영상마저 계속해서 끊겼다고 한다. 그럼에도 조악한 영상이라도 구경하기 위해 인근 부락에서까지 먼 길을 걸어 영화를 보러 오는 사람들이 많았다고 한다.[40] 이들이 영상과 음성정보조차 제대로 확인할 수 없는 영화를 보기 위해 수고를 마다하지 않은 것은 영화 내용이 아니라 영상을 만들어내는 기술에 매료되었기 때문일 것이다. 앞서 언급했지만 톰 거닝Tom Gunning은 영화 경험이 별달리 없는 관객은 정지한 사진을 영상의 형태로 움직이게 하는 영사기술에 매료되어 영화를 바라보았다고 설명한다.[41] 마찬가지로 텔레비전도 보급되지 않고 영화관도 없었던 당시 농촌의 관객들이 가설극장에 모여든 것은 영상을 만들어 내는 기술에 매료되어 이를 눈으로 확인해 보고 싶어서였을 것이다. 이

40 장대연, 『원숭이 똥구멍은 빨개』, 한솜, 2009, 129~131면.

41 Tom Gunning, 앞의 글, 31~45면.

에 신도극장을 찾는 영화와 영상에 익숙하지 않은 농촌 관객 중 상당수는 영상을 만들어 내는 영사기술에 마음을 빼앗겨 스크린의 영상을 바라보았을 것이다.

4. 1960~1970년대 한국에서 영화의 의미

춘천이라는 작은 도시 내부의 멀리 떨어지지 않은 거리에 위치한 소양극장과 신도극장에서 관객의 관람 양상은 '조용히 주시하며 영화를 감상하는 것' / '다양한 것을 즐기는 와중에 산만하게 영화도 보는 것'·'영사기술에 매료된 채 영상을 보는 것'으로 상이했다. 신도극장이라는 같은 영화관 내의 관객 사이에도 '다양한 것을 즐기는 와중에 산만하게 영화도 보는 것' / '영사기술에 매료된 채 영상을 보는 것'으로 관람 양상에 차이가 있었음을 확인할 수 있다. 이는 유성영화 도입 이후 40년이 지난 시기에도 영화관의 상영 환경, 영화관이 위치한 지역적 특징, 관객의 구성에 따라 관람 양상은 여전히 균질적이지 않았음을 알게 한다. 이에 영화관의 위치, 관객 구성 등에 따라 선전영화의 효과는 상이했을 가능성이 높다.

1964년 7월 소양극장에서 삼각관계의 사랑 이야기를 주된 내용으로 한 1964년 작 〈풋내기 애인〉김영식 감독, 이대엽·엄앵란·김혜정 주연이 상영된다. 1년이 지난 1965년 7월에야 아세아극장에서는 이 영화가 상영된다.[42] 채충일, 김문호 씨에 의하면 아세아극장은 신도극장과 마찬가지로 소양동에 위치하였고 역시 '양공주'가 많이 출입했으며 1회에 2편 이상의 영화가 상영되는 시설이 열악한 재개봉관이었다. 이에 아세아극장 관객의 상영환경, 관람 양상은 신도극장의 것과 상당히 유사했을 것으로 보인다. 아세아극장에서는 1회 2편 이상의 영화를 상영하기 위해 극장주가 원본의 〈풋내기 애인〉의 여기저기를 삭제해 임의대로 편집해 영화를 상영했을 것이다. 관객은 신체접촉하고 대화를 나누는 등 놀면서 영화를 보거나 영상을 신기해하며 그것을 만들어 내는 기술에 마음을 빼앗기며 스크린을 바라보았을 것이다. 반면 소양극장의 관객은 좋은 시설에서 조용히 집중하여 원본 그대로의 〈풋내기 애인〉을 감상했을 것이다. 소양극장에서 상영되는 원본과 신도극장과 아세아극장에서 극장주가 임의대로 편집한 것은 제목만 같을 뿐 동일한 영화가 아니다. 더욱이 영화를 단순히 영화사가 제작한 그대로의 필름으로 한정 짓지 않고 상영기술·환경과 관객의 수용 방식까지 포함한 장치Apparatus로 이해한다면 관객이 집중해 감상하는 소양극장에서 상영된 〈풋내기 애인〉과 다양한 것을 즐기는 와중에 산만하게 보는 아세아극장에서 상영된 〈풋내기 애인〉은 더욱 같은 영화가 될 수 없다. 그러하다면 관람 양상과 상영환경이 균질하지 않은 시기의 영화 연구는 영화텍스트만이 아니라 상영기술·환경과 관객의 관람 양상을 더욱 적극적으로 고려해야 할 것이다.

---

42 「광고」, 『강원일보』, 1964.7.3, 4면; 「광고」, 『강원일보』, 1965.7.16, 4면.

저자 후기

이 책은 기존의 연구가 그다지 주목하지 않았던 한국과 일본의 선전영화를 연구대상으로 하였다. 또한 선전영화의 텍스트만이 아니라 관람환경, 관객까지 검토하였다는 점에서도 의미가 있다. 관람환경, 관객까지 검토하는 것을 통해 선전영화가 애초의 제작·상영 목적대로 관객을 효과적으로 교화하고 동원할 수 있었는지, 즉 '무기'가 될 수 있었는지를 살펴보았다.

선전영화가 무기가 될 수 있기 위해서는 관객을 영화적 환영에 통합시킬 수 있어야 하며 이것에는 관객으로 하여금 영화를 실제인 것처럼 믿게 하는 여러 조건이 필요하다. 일부의 선전영화, 대표적으로 일본의 선전영화는 관객을 영화적 환영에 통합할 수 있는 조건을 갖추었다. 반면 식민지 조선의 선전영화, 프로키노와 통영청년단의 선전영화, 일부 한국의 선전영화 상영 공간은 관객을 영화적 환영에 통합할 수 있는 조건을 갖추지 못해, 선전영화는 무기가 되지 못했다. 무기가 되지 못한 선전영화의 상영 공간은 때로는 축제의 공간, 자유를 감각하는 공간, 능동적 저항의 공간이 되었다. 일부 선전영화는 무기가 되지 못하기에, 즉 영화가 말하고자 하는 바, 교화하고자 하는 바가 관객에게 투명하고 완벽하게 전달되지 않기에 영화 연구에서는 텍스트에만 집중할 것이 아니라 연구 범위를 관람환경, 관람양상까지 확장해야함을 말하고자 했다.

영화는 무기가 되지 못하는 경우도 있기에 상영주체와 제작자인 국가권력, 민간 엘리트들은 지배자적 위치에서 일방적으로 관객을 교화하는 존재, 관객인 학생, 노동자, 식민지인, 기지촌 주민은 피지배자적 위치에서 국가권력과 엘리트에 순종하는 존재로 고정되지 않았다. 식민지 권력이 주체가 된 선전영화 상영장에서 관객은 명시적으로 저항하지 못한다 하더라도 선전영화 내용의 모순성을 직감하고 교화 내용을 거부하거나 열악한 관람환경 때문에 선전영화의 내용을 오인해 받아들이기도 했다. 이러한 선전영화 상영장의 상황을 통해 식민지 권력의 불완전성을 확인할 수 있었다. 민간 엘리트의 선전영화 상영장에서 관객은 특정 조건 속에서 영화에 집중하지 않은 채 민간엘리트의 뜻과는 상관없이 관객 간의 연대와 교류를 통해 저항을 행하기도 하고 영화 내용은 이해하지 못한 상황에서 영사 기술에 매료되기도 했다. 선전영화 상영장에서의 교화의 대상에 머무르지 않는 여러 성격의 관객에 주목함으로써, 식민지 권력을 완벽한 것으로 보고 유순한 신체를 가진 식민지인과 그들의 식민지 권력에 대한 협력과 소극적 저항에 주목하는 연구, 민간엘리트와 대중을 동일한 것으로 보고 대중의 존재, 능동성에 주목하지 않는 연구는 역사에서 노동자, 여성, 디아스포라의 존재를 삭제하는 것으로 연결될 수 있음을 검토했다.

이상에서 살펴본 여섯 사례의 선전영화 상영 공간만을 통해 선전영화 전부를 완벽하게 밝혀낼 수는 없다. 선택된 각각의 여섯 사례의 연구마저도 선전영화의 내용, 관람환경, 관객의 관람양상에 대해 명확히 설명하지 못했다. 관련 자료가 부족하다고, 과거를 완벽히 복원할 수단은 어디에도 없다고 쉽게 말할 수 있겠지만 이는 이 책의 한계에 대한 변명은 되지 못한다. 이 책의 출판을 계기로 한계를 더욱 명확히 하고 독자와 동료 연구자들에게 비판과 조언을 얻음으로써 향후 그 한계를 최소화하고자 한다.

참고문헌

1. 1차 자료

1) 한국어

『가정지우』; 『강원일보』; 『개벽』; 『경향신문』; 『대한흥학보』; 『동아일보』; 『매일경제』; 『매일신보』; 『신천지』; 『조선일보』; 『중앙일보』; 『별건곤』; 『한겨레』; 춘천시, 『춘천시 통계연보』, 춘천시, 1958·1964·1965·1966·1973.

2) 일본어

『日本経済新聞』; 『新興映画』; 『朝日新聞』; 『朝鮮及滿洲』; 『文部省教育時報』; 『文部省教育映画時報』; 『文教の朝鮮』; 『民衆娯楽調査』; 『民衆娯楽調査資料』; 『映画クラブ』; 『読売新聞』; 『プロレタリア映画』; 『朝鮮』; 『朝鮮の教育研究』; 『朝鮮總督府統計年譜』; 『朝鮮社会教化要覧』; 『朝鮮思想通信』; 『朝鮮及満州』; 『警務彙報』; 『キネマ旬報』; 『教育映画時報 教育パンフレット』; 『キネマ週報』; 『映画クラブ』.

국사편찬위원회, 「大山祥奎 신문조서(제三회)」, 『한민족독립운동사자료집』 67, 국사편찬위원회, 2004.

農林省農産課, 『フイルム目録－農民改良活動写真』, 農林省農産課, 1931.

内務省警保局, 『各国における映画政策の概況』, 内務省, 1933.

野崎泰秀, 「付録－東京市小学校映画教育状況」, 『新講映画教育』, 培風館, 1938.

西川幸次朗, 『映画教育叢書－映画学習方法論』, 生美堂, 1937.

文部省, 『都府県及び都市における教育映画利用状況』, 文部省, 1933.

______, 『学生生活の娯楽に関する調査』, 文部省, 1935.

文部省社会教育局, 『教育映画研究資料－都府県市町村及び学校における映画普及状況』, 文部省, 1942.

水野新幸, 『大阪毎日新聞活動写真史』, 大阪毎日新聞社, 1925.

上田久七, 『都市と農村の娯楽教育』, 大空社, 1938.

全日本映画教育研究会, 『映画教育講座』, 四海書房, 1943.

朝鮮總督府, 『普通學校修身書巻一』, 朝鮮總督府, 1930.
關野嘉雄・下野宗逸, 『講堂映画方法論』, 成美堂, 1938.
プロキノを記録する会編, 『昭和初期左翼映画雑誌別巻』, 戦旗復刻版刊行会, 1981.
広島教護連盟, 『生徒児童の映画観覧に関する対策に就いて』, 広島教護連盟, 1937.

2. 2차자료

1) 한국어

연구논문

권오용, 「증오의 생산, 대상화, 정당화-프롬, 짐멜, 아도르노를 중심으로」, 『사회이론』 58, 한국사회이론학회, 2020.
김성준, 「한국원자력 기술 체제 형성과 변화, 1953~1980」 서울대 박사논문, 2012.
김일수, 「1920년대 경북지역 청년운동」, 한국역사연구회 편, 『한국근현대 청년운동사』, 풀빛, 1995.
김정민, 「1920년대 초반 조선총독부의 활동사진에 대한 인식과 활용에 대하여-영화의 적극적 이용 정책의 성립과정을 중심으로」, 『인문과학연구』 27, 인문과학연구소, 2008.
김준, 「전형화 과정을 통해서 본 이주민의 거주 공간에 관한 연구-일본인 통영지역 이주 어촌 사례를 대상으로」, 부산대 박사논문, 2009.
김은해, 「1964년 도쿄올림픽과 도쿄개조」, 『사회와연구』 109, 한국사회사학회, 2016.
김은해・박배균, 「일본 원자력복합체와 토건국가」, 『ECO』 20-2, 한국환경사회학회, 2016.
남경희, 「일본환경교육의 전개와 고찰」, 『한국일본교육학연구』, 15-2, 한국일본교육학회, 2011.
남기정, 「냉전 이데올로기의 구조화와 내셔널 아이덴티티의 형성의 상관관계-한일비교」, 『한국문화』 41, 규장각한국학연구소, 2008.
다카시 후지타니, 안진수 역, 「식민지시대 말기 '조선' 영화의 휴머니즘, 보편주의 그리고 인종 차별주의-아마이타다시의 경우를 중심으로」, 연세대 미디어아트센터 편, 『한국영화의 미학과 역사적 상상력』, 2006, 소도.

로렌 벌렌트, 최성희 외역, 「잔혹한 낙관주의」, 멜리사 그레그 편, 『정동이론』, 갈무리, 2005.
마정미, 「제3공화국 프로파간다에 관한 역사적 고찰－1960년대 〈대한뉴스〉와 〈문화영화〉를 중심으로」, 『광고PR실학연구』 7-4, 한국광고PR실학회, 2014.
민덕기, 「일본 도호쿠 지방에선 왜 아베정권의 '메이지유신 150년'을 보신전쟁 150주년으로 기념하고 있을까」, 『한일관계사연구』 66, 한일관계사학회, 2019.
박성희, 「프로파간다의 문법－버크의 드라마티즘에 기초한 1960년대 〈대한뉴스〉의 집단동기 분석」, 『한국언론학보』 53-1, 한국언론학회, 2009.
박철하, 「청년운동」, 국사편찬위원회 편, 『한국사』 49, 탐구당, 2001.
백미숙, 「1970년대 KBS 텔레비전 교양피디의 직무와 직업 정체성－방송 전문성 형성과 신기술, 그리고 제작정신」, 『한국언론정보학보』 60, 한국언론정보학회, 2012.
변재란, 「1930년대 전후 프롤레타리아영화 활동 연구」, 중앙대 석사논문, 1990.
복환모, 「1920년대 조선총독부 활동사진반의 역할에 관한 연구」, 『영화연구』 24, 한국영화학회, 2004.
유진식, 「환경 문제의 구조화와 한국환경법－시론」, 『법학연구』 43, 전북대 법학연구소, 2015.
윤순진·오은정, 「한국 원자력 발전정책의 사회적 구성－원자력기술의 도입 초기(1954~1963)을 중심으로」, 『환경정책』 14-1, 한국환경정책학회, 2006.
월터 K. 류, 「이상의 산촌여정, 성천기행 중의 몇 절에 나타는 활동사진과 공동체적 동일시」, 『트랜스－영상문화저널』, 한국예술종합학교 영상원, 2000.
여선정, 「무성영화시대 식민도시 서울의 영화 관람성 연구」, 중앙대 석사논문, 1999.
이세진, 「1950~70년대 미국의 전력변화에 따른 한국의 원자력 선택의 자립화」, 『강원사학』 35, 강원사학회, 2020.
이애숙, 「1920년대 전남 광주 지방의 청년운동」, 한국역사연구회 편, 『한국근현대청년운동사』, 풀빛, 1995.
이와사키 아키라, 「영화와 자본주의」, 김소영 편, 『동아시아지식인의 대화』, 현실문화, 2018.
이정주, 「원자력과 평화주의－일본과 한국의 경우」, 『민주법학』 5, 민주주의법학연구회, 2014.
이필렬, 「후쿠시마 원전의 성격과 한국원자력 발전의 위험」, 『민주사회와 정책연구』 20, 민주사회정책연구원, 2011.
이하나, 「1960년대 문화영화의 선전전략」, 『한국근현대사연구』 52, 한국근현대사학회, 2010.
이화진, 「식민지 영화의 내셔널리티와 '향토색'」, 『상허학보』 13, 상허학회, 2004.
이효인, 「일제하 카프 영화인의 전향논리연구」, 『영화연구』 45, 한국영화학회, 2010.
임종수, 「KBS 텔레비전 프로그램의 역사－국가만들기 양식」, 『방송문화연구』 23-1, 한국방송공사, 2011.
정충실, 「1920~30년대 농촌진흥운동에서 농가갱생계획의 성격」, 서울대 석사논문, 2007.
______, 「통영청년단의 순회 상영과 관객의 영화 관람(1921~1923)」, 『정신문화연구』139, 한국학중앙연구원, 2015.
______, 「프로키노 영사회에서 저항적 영화보기」, 김소영 편, 『동아시아지식인의 대화』, 현실문화, 2018.
______, 「춘천의 극장에서 영화보기－관람 양상의 다양성(1960, 70년대)」, 『영상문화』 37, 한국영상문화학회, 2020.
______, 「엑스포 70, 한국이 빌려온 미래」, 『문화와 융합』 43-7, 문화와융합학회, 2021.
조진우, 「인구감소로 인한 지역 소멸 대응을 위한 법적 과제－일본의 「과소지역자립촉진특별조치법」을 중심으로」, 『법학논고』 68, 법학연구원, 2020.
지수걸, 「1932~35년간의 농촌진흥운동」, 『한국사연구』 46, 1984.
홍덕화, 「한국원자력 산업의 형성과 변형－원전 사회기술체계의 산업구조와 규제양식을 중심으로, 1977~2010」, 서울대 박사논문, 2010.
홍성태, 「원자력문화재단의 활동과 문제－생태민주적 전환의 관점에서」, 『시민과 세계』 11, 참여사회연구소, 2007.
허은, 「냉전시대 미국의 민족국가 형성개입과 헤게모니 구축의 최전선－한 미공보원 영화」, 『한국사연구』 155, 한국사연구회, 149.

단행본

고마고메 다케시, 오성철 외역, 『식민지제국 일본의 문화통합』, 역사비평사, 2008.
김일영·조성열, 『주한민군』, 한울아카데미, 2003.
김진균, 정근식 편, 『근대주체와 식민지 규율권력』, 문화과학사, 1997.
김창남, 『나의 문화 편력 - 기억과 이미지의 역사』, 정한책방, 2014.
니콜라스 잭슨 오셔네시, 박순석 역 『정치와 프로파간다』, 한울아카데미, 2009.
다카기 진자부로, 김원식 역, 『원자력 신화로부터의 해방』, 녹색평론사, 2001.
다카시 후지타니, 한석정 역, 『화려한 군주』, 이산, 2003.
다카하시 데츠야, 한승동 역, 『희생의 시스템 후쿠시마 오키나와』, 돌베게, 2013.
마루카와 데쓰시, 장세진 역, 『냉전문화론 - 1945년 이후 일본의 영화와 문학은 냉전을 어떻게 기억하는가?』, 너머북스, 2010.
문화재청, 『구통영청년단회관 - 기록화조사보고서』, 문화재청, 2004.
박형균, 『통영사연구회 4집 - 통영안내』, 통영사연구회, 2008.
오성철, 『식민지 초등교육의 형성』, 교육과학사, 2000.
요시미 슌야, 연구 공간수유 역, 『확장하는 모더니티 - 1920~30년대 근대일본의 문화사』, 소명출판, 2007.
요시미 슌야, 오석철 역, 『왜 다시 친미냐 반미냐』, 산처럼, 2008.
유현옥, 『춘천의 근대거리를 거닐다 - 1960~70년대 춘천의 일상문화』, 문화통신, 2015.
윤해동, 『식민지의 회색지대』, 역사비평사, 2002.
자끄 엘륄, 하태환 역, 『선전 - 순수한 신앙과 불온한 선전의 동거』, 대장간, 2012.
자크 랑시에르, 양창렬 역, 『해방된 관객』, 현실문화, 2016.
지그프리드 크라카우어, 장희권 역, 『칼리가리에서 히틀러로』, 새물결, 2003.
정충실, 『경성과 도쿄에서 영화를 본다는 것 - 관객성 연구로 본 제국과 식민지의 문화사』, 현실문화연구, 2018.
장대연, 『원숭이 똥구멍은 빨개』, 한솜, 2009.
최창섭 외, 『춘천의 옛풍경 - 시간의 편린 머무는 시선』, 강원일보사, 2014.
통영시사편찬위원회, 『통영시지』 상, 통영시사편찬위원회, 1999.
춘천시 춘성군, 『춘주지』, 강원일보사, 1984.
충무시지편찬위원회, 『충무시지』, 충무시지편찬위원회, 1987.

2) 일본어

연구논문

北川鉄夫,「部落問題の内外」,『部落問題と芸術』5, 部落問題研究所, 1992.

禧美智章,「影絵アニメーション煙突屋ペロ-とプロキノ」,『立命館言語文化研究』22-3, 立命館言語文化研究所, 2011.

佐藤洋,「プロキノ研究史がかかえる問題」,『立命館言語文化研究』22-3, 立命館言語文化研究所, 2011.

佐藤忠男,「激しく燃えた自主映画運動ープロキノの発掘と保存」,『月刊総評』284, 日本労働組合総評議会, 1981.

瀬尾華子「PR映画に描かれた原子力-1950年代末葉から1960年代の「平和利用」「科学技術」「近代化」」,『社会情報学』4-3, 社会情報学会, 2016.

雨宮幸明,「プロキノ映画『山宣渡政労農葬』フィルムヴァリエーションに関する考察」,『立命館言語文化研究』22-3, 立命館言語文化研究所, 2011.

岡田秀則,「未来からの想像力—フィルムアーカイブの公共性をめぐって」,『映像学』104, 日本映像学会, 2020.

矢澤利弘,「地域活性化における映画資料館の役割」,『地域活性研究』10, 地域活性学会, 2019.

山田和夫,「プロキノの歴史に学ぶもの」,『文化評論』80, 日本共産党中央委員会, 1968.

石原香絵,「〈映画保存運動〉戦夜ー日本において映画フィルム納入義務が免除されたとき」,『GCAS REPORT』3, 学習院大学大学院人文科学研究科, 2014.

岩崎昶,「プロキノの時代」,『文化評論』8, 新日本出版社, 1962.

今村太平,「飯島正と岩崎昶」,『映画評論』4月号, 1951.

市原博,「労働史研究の現在ー1980～2000年(1) 戦前期日本の労働史研究」,『大原社会問題研究所雑誌』510, 大原社会問題研究所, 2001.

「座談会ープロキノの活動」,『現代と思想』19, 青木書店, 1975.

단행본

北川鉄夫,『映画鑑賞読本』, 法律文化社, 1955.

並木晋作,『日本プロレタリア映画同盟プロキノ全史』, 合同出版, 1986.

牧野守,「解説ープロキノ/アヴァンギャルド映画創作運動の記録」,『プロキノ作品集別冊』, 六花出版, 2013.
笹川慶子,「『折鶴お千』と道頓堀興行」, 藤木秀朗 編,『観客へのアプローチ』, 森話社, 2011.
佐藤洋,『日本労働映画の百年ー映像記録にみる連帯のかたちと労働者福祉·共済活動への示唆』, 全学済協会, 2017.
大澤浄,「教育映画成立史ー年少観客の出現とその囲い込み」, 加藤幹郎 編,『映画学的想像力』, 人文書院, 2006.
小熊英二,『民主と愛国ー戦後日本のナショナリズムと公共性』, 新曜社, 2002.
大澤浄,「戦前期における子どもの表象の探究」, 黒沢清 編,『スクリーンの中の他者』, 岩波書店, 2010.
吉見俊哉,「被爆の悪夢からの転換-原子力広報言説の戦後史」, 吉見俊哉編,『戦後復興から高度成長へー民主教育·東京オリンピック·原子力発電』, 東京大学出版会, 2014.
石原香絵,『日本におけるフイルムアーカイブ活動史』, 美学出版, 2018.
土屋由香,「原子力平和利用USIS映画ー核ある世界へのコンセンサス形成」, 土屋由香·吉見俊哉 編,『占領する眼·CIE/USIS映画とVOAラジオ』, 東京大学出版会, 2012.
原田健一,「CIE映画 / スライドの日本的受容ー「新潟」という事例から」, 土屋由香·吉見俊哉 編,『占領する眼·CIE/USIS映画とVOAラジオ』, 東京大学出版会, 2012.
畑あゆみ,「運動のメディアを超えてー一九七〇年前後の社会運動と自主記録映画」, 藤木秀朗 編,『観客へのアプローチ』, 森話社, 2011,
舩橋晴俊,「福島源展災の制度的·政治的欠陥ー多重防護の破綻という視点」, 田中重好·舩橋晴俊 · 正村俊之 編,『東日本大地震と社会学』, ミネルウァ書店, 2013.
藤木秀明,「社会の構築と民衆/観客」, 藤木秀明 編,『観客へのアプローチ』, 森話社, 2011.

3) 영어

연구논문

Homi K. Bhabha, "The other question : difference, discrimination and the discourse of colonialism", in Houston A. Baker Jr., Manthia Diawara, and Ruth H. Lindeborg(eds.), *Black British Cultural Studies*, University of Chicago, 1996.

Jacques Derrida, "Archive Fever : A Freudian Impression", *Diacritics* 25-2, The Jhons Hopkins University Press, 1995.

J. L. Baudry, "Ideological Effect of the Basic Cinematographic Apparatus" *Film Quartery* 28-2, 1974·1975.

Judith Thissen, "Jew ish Immigrant Audiences in New York City, 1905~1914", in Melvyn Stokes and Richard Maltby(eds.) *American Movie Audience : From the Turn of the Century to the Early Sound Era*, BFI, 1999.

Mary Carbin, "The Finest Outside the Loop : Motion Picture Exhibition in Chicago's Black Metropolis, 1905~1928", in Richard Abel(ed.), Silent Film, Rutgers University Press, 1996.

Noi Sawaragi, "On the Battle Field of 'Superflat' : Subculture and Art in Postwar Japan", in Takashi Murakami(ed), *Little Boy : The Arts of Japan's Exploding Subculture*, New Haven: Yale University Press, 2005.

Tom Gunning, "An Aesthetic of Astonishment : Early Film and the (In)Credulous Spectator", *Art and Text* 34, 1989.

단행본

Miriam Hasen, *Babel and Babylon : Spectatorship in American Silent Film*, Harvard University Press, 1994.

참고 인터넷 사이트

https://kishe.com/yung65/13516/118601 (2020년 9월 20일 접속)

http://cafe.daum.net/ccsyh/2h9i/790 (2020년 9월 20일 접속)